프로의
첫인상
수업

셀프헬프 "나다움을 찾아가는 힘"

self · help

시 리 즈

사람은 매 순간 달라진다. 1분이 지나면 1분의 변화가, 1시간이 지나면 1시간의 변화가 쌓이는 게 사람이다. 보고 듣고 냄새 맡고 말하고 만지고 느끼면서 사람의 몸과 마음은 수시로 변한다. 오늘의 나는 어제의 나와는 전혀 다른 사람이다. 셀프헬프self · help 시리즈를 통해 매 순간 새로워지는 나 자신을 발견하길 바란다.

프로의 첫인상 수업

비즈니스 매너와 이미지 메이킹

초판 1쇄 발행
2026년 4월 29일

지은이
홍종윤

펴낸이
김태영

펴낸곳
씽크스마트

전화
02-323-5609

팩스
02-337-5608

주소
경기도 고양시 덕양구
청초로 66
덕은리버워크B-1403

출판사 등록번호
제 395-313000025
1002001000106호

ISBN
978-89-6529-497-9

정가
17,000원

ⓒ 홍종윤

**이 책을
만든 사람들**

책임편집
신재혁

편집장
김무영

북디자인
우다설

홈페이지
www.tsbook.co.kr

인스타그램
@thinksmart.official

이메일
thinksmart@kakao.com

* **씽크스마트** 더 큰 생각으로 통하는 길

'더 큰 생각으로 통하는 길' 위에서 삶의 지혜를 모아 '인문교양, 자기계발, 자녀교육, 어린이 교양 · 학습, 정치사회, 취미생활' 등 다양한 분야의 도서를 출간합니다. 바람직한 교육관을 세우고 나다움의 힘을 기르며, 세상에서 소외된 부분을 바라봅니다. 첫 원고부터 책의 완성까지 늘 시대를 읽는 기회로 책을 만들어, 넓고 깊은 생각으로 세상을 살아갈 수 있는 힘을 드리고자 합니다.

* **도서출판 큐** 더 쓸모 있는 책을 만나다

도서출판 큐는 울퉁불퉁한 현실에서 만나는 다양한 질문과 고민에 답하고자 만든 실용교양 임프린트입니다. 새로운 작가와 독자를 개척하며, 변화하는 세상 속에서 책의 쓸모를 키워갑니다. 흥겹게 춤추듯 시대의 변화에 맞는 '더 쓸모 있는 책'을 만들겠습니다.

자신만의 생각이나 이야기를 펼치고 싶은 당신. 책으로 사람들에게 전하고 싶은 아이디어나 원고를 메일(thinksmart@kakao.com)로 보내주세요. 씽크스마트는 당신의 소중한 원고를 기다리고 있습니다.

프로의
첫인상
수업

\

영업인들의 바이블

11년 차 해외 B2B 영업인으로서 국적과 언어가 다른 수많은 고객을 만났지만, 언제 어디서나 통용되는 유일한 세계 공용어는 바로 '비즈니스 매너'였습니다. 성공적인 협상을 위해서는 신뢰와 호감을 주는 첫인상은 물론, 비즈니스 전 과정에서 상대를 세심하게 배려하는 전략적 노력이 필수적입니다.

이 책은 복장과 명함 예절 같은 기초부터 상대를 감동시키는 고도의 비즈니스 전략까지, 우리가 현장에서 마주하는 가려운 고민들을 명쾌하게 해결해 줍니다. 전작인 『일 잘하는 사람의 업무 교과서』 이후 오매불망 기다려온 홍종윤 대표님의 이번 신작은 영업인 저에게는 그야말로 '바이블'과 같습니다. 첫발을 내딛는 신입 사원부터 기본을 다시 점검하고자 하는 베테랑 영업인까지, 모든 비즈니스 프로페셔널에게 이 책을 강력히 추천합니다.

"어려운 비즈니스 상황에서 신뢰감을 주는 이미지와 비즈니스 매너는 당사자 간의 간격을 좁히고 원활한 상호작용을 하게 한다."

성공적인 비즈니스를 할 수 있도록 도와주는 구체적인 지침을 담은 이 책은 20여년의 현장 경험을 가진 저자가 정성 들여 정제한 훌륭한 지침서입니다. 이 책을 곁에 두고 몸과 마음에 스며들도록 읽는 사람들에게 여러분의 비즈니스는 성공으로 응답할 것으로 믿는다.

일동바이오사이언스 글로벌영업 팀장, 오동훈

모든 비즈니스 환경에서 적용 가능한 책

비즈니스는 연애입니다. 특히 자연스러운 만남이 아니라 소개팅과 같은 만남의 연속입니다. 그 만남 안에 많은 예의와 호감이라는 표현으로 숨겨진 매력이 연애를 결정하듯이 비즈니스의 성패도 마찬가지입니다. 그래서 이 책을 추천합니다. 오랜 강의 경험 속에 녹아 있는 비즈매너 노하우, 즉 모든 비즈니스 환경에서도 적용·응용 가능한 골든룰들로 여러분의 비즈니스를 성공으로 이끌어 보세요.

현대해상 영업교육파트 수석, 주활

정성 들여 정제한 훌륭한 지침서

어려운 비즈니스 상황에서 신뢰감을 주는 이미지와 비즈니스 매너는 당사자간의 간격을 좁히고 원활한 상호작용을 하게 합니다. 성공적인 비즈니스를 할 수 있도록 도와주는 구체적인 지침을 담은 이 책은 20여년의 현장 경험을 가진 저자가 정성 들여 정제한 훌륭한 지침서입니다. 이 책을 곁에 두고 몸과 마음에 스며들도록 읽는 사람들에게 여러분의 비즈니스는 성공으로 응답할 것으로 믿습니다.

GS칼텍스(주) 영업교육Project팀 Leader, 주충일

신뢰와 가치를 이야기하는 책

오래된 얘기지만, 일본의 MK택시는 세계 최고의 서비스를 자랑하는 택시이다. 특히 유명 디자이너(모리 하나에)가 디자인한 고급 제복과 기사님들의 친절한 서비스가 최고의 택시 브랜드로 자리매김하게 만든 요소들 중 하나인데, 우리가 복장의 중요성을 얘기할 때 꼭 등장하는 사례이다. 최고의 유니폼을 입고 세계 최고의 택시 서비스를 제공한다는 택시기사 개개인의 자부심이 고객에게 최고의 친절과 신뢰로 전달되는 것이다.

일터에서 비즈니스매너는 결국 상호작용이다. 나의 노력이 상대방에게 신뢰를 주고, 그 신뢰 속에서 새로운 가치가

창출된다. 홍종윤 작가의 책은 일상에서나 일터에서나 우리
가 쉽게 이해하고 적용할 수 있는 사람과 사람 사이의 신뢰
와 가치에 대한 이야기이다. 모든 직장인들에게 추천을 해
본다.

대상홀딩스 조직문화부서 팀장, 최대영

비즈니스를 위한 필독서

크리에이터로 일했던 광고쟁이 초년병 시절 유독 경쟁 프
리젠테이션이 많았는데 늘 PT에서 이기는 L 팀장과 승률이
저조한 K 팀장이 있었다. 완벽하게 준비를 해도 결과는 달라
지지 않았다. 첫인상 관리부터 신뢰를 얻는 체크포인트까지!
저자의 오랜 현장 경험을 통해 쓰여진 이 책은 좋은 관계 그
리고 성공적 비즈니스를 위한 필독서가 될 것입니다. 이 책
이 당시에 있었다면 K 팀장의 승률은 어디까지 올라갔을까?

카나웍스온 대표이사, 윤석주

비즈니스맨과 세일즈맨에게 강력 추천하는 책

제가 보험회사 교육 담당자일 때를 생각하면, '당시에 이
런 책이 있었다면 설계사분들이 영업하는 데 크게 도움받았
을 것'이라 확신합니다. '클래식은 영원하다'라는 말처럼 변
함없이 선택받는 세일즈인이 갖추어야 할 복장과 행동 매너

를 완벽하게, 그리고 쉽게 안내해 주고 트렌디한 지금의 이야기를 해주는 책이라 생각합니다. 고객에게 좋은 사람으로 보여지고 기억되기를 원하는 모든 비즈니스맨과 세일즈맨에게 이 책을 강력하게 추천합니다.

리얼세일즈(주) 대표, 주태웅

비즈니스 매너의 명확한 기준이 되는 책

오래 전 저자의 첫인상을 아직도 선명히 기억합니다. 당시에도 이 책에 담긴 비즈니스맨의 정석을 이미 몸소 보여주고 있었습니다. '실력' 만큼이나 '매너'가 그 사람의 품격을 드러낸다는 것을 다양한 비즈니스 현장에서 직접 확인해 왔습니다. 이 책은 저자의 오랜 현장 경험을 바탕으로, 비즈니스 상황에서 어떻게 판단하고 대응해야 하는지를 명확한 기준으로 제시합니다.

비즈스피치 대표이사, KMA한국능률협회 겸임교수, 이윤희

사회초년생부터 비즈니스맨까지 꼭 읽어야 할 지침서

언론인은 매일 수많은 사람을 만나고 이야기를 듣습니다. 책을 읽으며 그간 만났던 수많은 사람 중 유독 기억에 남은 이들에 대입해 보니 만남의 태도, 배려, 기준에서 놀랍도록 많은 공통점이 있다는 점을 알게 됐습니다. 이 책은 사회생

활을 처음 시작하는 사람은 물론, 좋은 관계를 이어가고자 하는 비즈니스맨까지 꼭 필요한 지침서로 남을 것입니다.

뉴스1 부장, 김희준

오래 곁에 둘 기준서

패션을 업으로 삼으며 '어떻게 보이는가'가 커리어에 미치는 영향을 현장에서 체감해왔다. 그래서 늘 감각이 아닌 기준으로 설명해주는 이미지 메이킹 책을 기다려왔다. 이 책은 조언에 그치지 않고, 현장에서 바로 적용할 수 있는 디테일을 제시하며, 미팅에서 신뢰를 만드는 방법을 현실적으로 짚어준다. 실무에서 오래 곁에 두게 될 기준서로 이 책을 추천한다.

GS SHOP 패션잡화 9년차 MD, 박형열

첫 만남이 중요한 모든 사람에게 추천하는 책

다양한 국적의 사람들을 만나는 승무원으로서, 신뢰는 말보다 태도와 디테일에서 먼저 전달된다는 걸 매일 느낍니다. 이 책은 문화와 언어가 다른 환경에서도 그대로 통하는 이야기로, 첫 만남이 중요한 모든 사람에게 추천하고 싶습니다.

에어캐나다 승무원, 진준혁

차례

/

추천사　　　　　　　　　　　　　　　4

프롤로그　　　　　　　　　　　　　15

1부 비즈니스 시작을
열어주는 첫인상 관리

1장 얕고 넓은 관계의 가치

1. 당신의 인맥 지도는 얼마나 넓나요?　　　　20

2. 깊은 관계와 얕은 관계의 힘　　　　　　　22

3. 얕고 넓은 관계의 전략과 태도　　　　　　23

2장 첫인상의 힘과
얕고 넓은 관계의 시작

1. 좋은 첫인상을 남기는 기술과 이미지 연출　　　31

2. 첫인상을 위한 효과적인 이미지 연출　　　　　34

2부 성공을 이끄는
비즈니스 미팅 '체크 포인트'

1장 긍정적인 첫인상을 위한
고객을 만나기 전 '체크포인트'

Check Point 1. 고객에게 리마인드 문자 보내기　41

Check Point 2. 미팅의 성공은 전날 밤에 결정된다　47

Check Point 3. 명함은 당신의 첫 번째 목소리다　50

2장 성공적인 비즈니스를 위한
미팅 당일 '체크포인트'

Check Point 1. 그루밍에 집중해야 한다　58

Check Point 2. 말보다 먼저 도착하는 것은 향기다　65

Check Point 3. 언어보다 강력한 커뮤니케이션　70

Check Point 4. 신뢰를 전달하는 첫 번째 터치　75

Check Point 5. 공감은 생각보다 어렵지 않다　82

Check Point 6. 첫 만남, 스몰토크가 중요한 이유　87

Check Point 7. 시대가 변해도 전화는 필요하다　92

Check Point 8. 요즘 사람들의 매너 트렌드　97

3부 고객에게 신뢰감을 주는
남녀 복장 매너

1장 비즈니스 복장이
꼭 필요한 이유

1. 슈트를 완벽하게 입는 4가지 방법   108

2. 품격을 높이는 복장매너 체크포인트   112

Check Point 1. 블레이저로 이미지를 바꾸는 방법   112

Check Point 2. 바지가 슈트의 실루엣을 결정한다   132

Check Point 3. 세련된 인상은 셔츠에서 시작된다   142

Check Point 4. 발끝에서 완성되는 구두의 품격   153

Check Point 5. 넥타이 매듭 하나로 완성되는 신뢰   159

Check Point 6. '향'이 만드는 보이지 않는 첫인상   170

Check Point 7. 비즈니스 백이 주는 전문성   173

Check Point 8. 겨울 비즈니스룩을 완성하는 코트   176

4부 비즈니스는 'Give & Take' 관계

1장 관계의 본질인 '에너지와 상호작용'

1. 신뢰를 만드는 보이지 않는 힘   184

2장 비즈니스에 '공짜는 없다'

1. 신뢰는 주고받는 균형에서 시작된다   187

3장 복장의 심리학

1. 관계의 신뢰를 시각적으로 표현하는 방법   190

For Professional _____

프롤로그
신뢰는 말보다
먼저 도착합니다

/

\

어떤 만남은 오래 기억에 남고, 어떤 만남은 아무 흔적 없이 사라집니다. 그 차이는 대개 실력이나 정보의 양이 아니라, '처음 몇 분'에서 갈립니다. 회의실 문을 열고 들어오는 순간, 악수를 나누는 손의 온도, 의자에 앉는 자세, 첫 인사와 함께 풍기는 분위기. 상대는 당신의 말을 듣기도 전에 이미 마음속에서 이렇게 묻고 있습니다. '이 사람, 믿어도 될까?'

저는 지난 22년 동안 수많은 비즈니스 현장을 오가며 이 질문이 만들어지는 순간을 지켜봐 왔습니다. 기업과 공공기관, 금융회사와 서비스 현장까지 1년에 최소 8,000명, 22년 동안 180,000명 이상을 직접 만나며 교육했습니다. 그 중에서도 가장 오랜 시간 함께한 현장이 있습니다. 14년 동안 매달 빠짐없이 진행해온 한 보험회사의 신입 보험설계사 비즈니스 매너 교육입니다.

그곳에서 저는 같은 질문을 수도 없이 받았습니다. "강사님, 첫 만남에서 호감을 주려면 정확히 뭘 해야 하나요?", "옷은 어느 정도가 적당한가요?", "미팅에서 하면 안 되는 행동이 뭔가요?", "이런 상황에서는 어떻게 말해야 계약까지 이어질까요?"

저는 늘 이렇게 답해왔습니다. 첫인상은 감각이 아니라 전략이고, 이미지메이킹은 꾸밈이 아니라 신뢰의 언어이며, 비즈니스 매너는 형식이 아니라 상대를 배려하는 기술이라고. 하지만 늘 마음에 걸리는 지점이 있었습니다. 2시간 남짓한 강의 안에 이 모든 이야기를 담기에는 턱없이 부족하다는 사실이었습니다. 교육생들은 고개를 끄덕이며 이해했지만, 현장으로 돌아가 막상 고객을 만나는 순간이면 다시 혼란스러워졌을 겁니다. "그때 강사님이 뭐라고 하셨더라?", "이 상황에서는 맞게 하고 있는 걸까?" 그때 저는 깨달았습니다. 이들에게는 강의보다 더 오래 곁에 남아 줄 '기준서', 모를 때마다 다시 펼쳐볼 수 있는 비즈니스 매너의 바이블이 필요하다는 것을.

물론 이미 비즈니스 매너와 이미지메이킹을 다룬 책들은 많습니다. 하지만 현장에서 만난 사람들은 이렇게 말했습니다. "개념은 알겠는데, 그래서 지금 당장 뭘 해야 하는지 모르겠어요." 그래서 이 책은 다르게 썼습니다. 추상적인 미덕이나 막연한 태도 이야기가 아니라, 바로 써먹을 수 있는 기준, 현장에서 바로 적용 가능한 체크포인트, 말이 아닌 '행동'으로 신뢰를 만드는 방법을 담았습니다. 고객을 만나기 전날 밤 무엇을 준비해야 하는지, 미팅 당일 어떤 디테일이 신뢰를 높이는지, 복장·그루밍·향·말투·명함 하나가 어떻게 계약의 방향을 바꾸는지를 구체적으로 풀어냈습니다.

이 책에 담긴 모든 내용은 강의실에서 박수로 끝난 이야기가 아니라 수많은 비즈니스 현장에서 검증된 방식들입니다. 저는 이 책을 통해 독자들이 이런 질문에 스스로 답할 수 있기를 바랍니다. "오늘 나는 신뢰를 주는 사람으로 준비되어 있는가?" 이 책은 당신을 바꾸려 하지 않습니다. 다만 이미 가지고 있는 당신의 전문성과 진심이 올바른 이미지와 매너를 통해 정확히 전달되도록 돕고자 합니다. 비즈니스는 결국 사람과 사람 사이의 일입니다. 그리고 그 관계의 문을 여는 열쇠는 생각보다 사소한 디테일에 숨어 있습니다. 이 책이 당신의 첫 만남을 조금 더 단단하게 만들고, 당신의 비즈니스를 조금 더 신뢰받게 만들고, 당신의 내일에 한 번 더 기회를 가져다주길 바랍니다.

이제, 신뢰받는 사람의 기준을 함께 만들어보겠습니다.

1부

비즈니스 시작을

열어주는 첫인상 관리

얕고 넓은 관계의 가치

/

\

1. 당신의 인맥 지도는 얼마나 넓나요?

인맥지도

잠시, 당신의 인간관계를 떠올려봅시다. 오늘 하루 동안 누구와 대화를 나누셨나요? 출근길에 마주친 이웃, 카페에서 주문을 받던 직원, 회의 중 함께 의견을 나눈 동료, 온라인 커뮤니티에서 짧게 인사를 건넨 사람들까지 이들 중 누가 나의 인생 혹은 비즈니스에 변화를 일으킬 수 있을까요? 혹시 당신은 오늘도 같은 사람들과만 이야기하고 있지는 않나요? 늘 만나는 동료, 오랜 친구, 익숙한 대화 주제 속에서는 편안함이 있지만, 그 안에는 새로운 바람이 쉽게 불지 않습니다. 그러나 우리가 무심코 지나친 한 사람, 짧은 인사로 스쳐간 인연이 뜻밖의 기회를 만들어내는 순간이 있습니다. 낯선 이와의 짧은 대화 한 마디가 인생의 방향을 바꾼 사람들의 이야기는 결코 드물지 않습니다. 많은 사람들은 여전히 '깊고 오래된 관계'만이 진짜 관계라고 생각합니다. 그렇지만 이 시대에 필요한 연결의 방식은 조금 다릅니다. 진짜 기회를 가져다주는 연결은 때로 '얕고 넓은 관계'에서 비롯됩니다. 즉, 깊이는 얕지만 다양하게 펼쳐진 인간관계의 네트워크는 마치 바다의 조류처럼 새로운 정보, 기회, 아이디어를 끊임없이 우리 곁으로 밀려오게 합니다. 당신이 생각보다 더 넓은 세상과 이미 연결되어 있다는 사실, 그것이야말로 현대 비즈니스와 커리어의 숨은 경쟁력입니다.

2. 깊은 관계와 얕은 관계의 힘

인간관계는 크게 두 부류로 나눌 수 있습니다. 하나는 좁지만 깊은 관계로 오랜 시간 신뢰를 쌓은 친구, 가족, 오래 함께 일한 동료들입니다. 이 관계는 나를 지탱해주는 정서적 기반이자 어려울 때 의지할 수 있는 버팀목입니다. 다른 하나는 얕지만 넓은 관계, 즉 업무상 만난 사람, 행사나 모임에서 스쳐 지나간 인연, 혹은 온라인 네트워크에서 연결된 전문가들입니다. 이 관계는 나에게 새로운 가능성과 정보의 흐름을 제공합니다. 그렇다면 비즈니스의 관점에서 진짜 도움이 되는 관계는 어느 쪽일까요? 심리학자 마크 그라노베터(Mark Granovetter)의 고전적 연구 「The Strength of Weak Ties(약한 유대의 강점, 1973)」에 따르면, 새로운 정보나 기회는 대부분 '약한 유대(weak ties)', 즉 깊지는 않지만 느슨하게 연결된 관계에서 나온다고 합니다. 그는 이렇게 말했습니다. "강한 유대는 서로 비슷한 정보를 공유하고, 약한 유대는 새로운 세상과 연결된다." 가까운 친구나 가족은 나와 비슷한 생각과 인맥을 갖기 쉽지만, 얕은 관계는 다른 배경과 경험을 가진 사람들로 구성되어 나의 시야를 확장시켜 줍니다.

3. 얕고 넓은 관계의 전략과 태도

얕고 넓은 관계

어느 스타트업 창업가가 새로운 프로젝트 파트너를 찾고 있었습니다. 그는 어느 포럼에서 처음 보는 사람과 몇 분간 대화를 나눴고, 그 인연이 계기가 되어 뜻밖의 협업 제안을 받았습니다. 이 관계는 오래된 친구가 아닌 단 한 번의 대화로 연결된 '얕은 관계'였습니다. 하지만 그 짧은 연결이 사업의 전환점을 만들었습니다. 비슷한 맥락에서 맥킨지(McKinsey & Company)의 2021년 보고서에서는 기업의 경영진이 새로운 시장 진출 전략을 수립할 때, 내부 네트워크보다 외부의 느슨한 전문가 네트워크에서 얻은 인사이트가 더 혁신적이었다는 결과를 발표했습니다. 즉, '새로운 시각은 익숙하지 않은 연결에서 온다'라는 것이죠. '얕은 관계'의 가장 큰 장점은 정보의 다양성입니다. 깊은 관계에서는 공감과 이해를 얻을 수 있지만, 사고의 폭은 종종 한정됩니다. 반면 얕은 관계에서는 나와 전혀 다른 관점이나 업계의 통찰을 접할 수 있습니다. 예를 들어 마케팅 담당자가 디자인 전문가와의 짧은 대화에서 브랜드 감성에 대한 영감을 얻거나, IT 엔지니어가 교육 분야 사람들과의 교류를 통해 기술의 새로운 활용 아이디어를 발견하는 경우가 있습니다. 이처럼 서로 다른 영역의 사람들이 만날 때, 비즈니스는 더 창의적이고 유연한 형태로 발전합니다.

MIT 슬론 매니지먼트 리뷰(MIT Sloan Management Review, 2022)의 연구에 따르면, "다양한 배경을 가진 사람들과의 약한 연결이 혁신적 사고를 촉진한다."라고 합니다. 이는 단순한 '인맥의 폭'이 아니라, 사고의 확장성을 의미합니다. 오늘날의 네트워킹은 더 이상 명함 교환이나 정기적인 모임에만 머물지 않습니다. 디지털 플랫폼과 다양한 커뮤니티 덕분에 이제는 시공간의 제약 없이 얕지만 의미 있는 관계를 형성할 수 있는 시대가 되었습니다. 온라인 세미나에서의 짧은 대화가 공동 프로젝트로 이어질 수 있고, 전문가 커뮤니티에서의 짧은 피드백이 커리어의 전환점을 만들 수 있습니다. 또한 관심사 기반의 모임에서 스친 인연이 새로운 비즈니스 파트너가 될 수도 있습니다. 이러한 '얕은 연결'은 우연처럼 보이지만, 실제로는 의식적인 관계 관리의 결과물입니다. 중요한 것은 단순히 많은 사람을 아는 것이 아니라, 그 인연 속에서 의미를 발견하고 지속적으로 연결하려는 태도입니다.

얕고 넓은 관계를 잘 다루는 사람들은 공통적으로 이런 특징을 가집니다. 그들은 인맥을 '목표 달성의 수단'으로 보지 않고, 작은 대화에서도 진심을 담고, 관계를 장기적으로 관리하는 습관을 가졌습니다. 예를 들어 한 글로벌 PR 매니저는 세미나나 포럼에서 만난 사람들에게 "당신의 발표에서 이런 점이 인상 깊었습니다."라는 짧은 메시지를 보내며 관계를 이어갑니다. 짧은 인사 하나가 신뢰를 쌓는 첫걸음이 되고, 그 결과 수년 뒤 중요한 프로젝트의 제안으로 이어지기도 합니다. 이처럼 얕은 관계를 깊게 다루는 태도가 결국에는 인생의 폭과 깊이를 동시에 확장시키는 법입니다. 또한 우리가 흔히 얕다고 생각하는 관계는 사실 가볍지만 강력한 영향력을 지닌 연결망입니다. 삶의 어느 순간, 당신이 한 번쯤 인사했던 그 사람이 당신의 인생 혹은 비즈니스에 커다란 변화를 가져올지도 모릅니다. 기억하세요. 인연의 깊이는 시간보다 태도에서 만들어집니다. 오늘의 짧은 대화가 내일의 기회가 되고, 오늘의 인사가 내일의 신뢰로 이어질 수 있습니다.

2장
첫인상의 힘과
얕고 넓은 관계의 시작

/

\

　얕고 넓은 관계를 효과적으로 활용하기 위해서는 첫인상이 결정적인 역할을 합니다. 심리학 연구에 따르면 사람들은 첫 7초 안에 상대에 대한 인상을 형성하며, 이는 이후의 관계 형성에 지속적인 영향을 미친다고 합니다(Willis & Todorov, 2006). 특히 프린스턴 대학교의 연구에 따르면, 사람들은 단 0.1초(100밀리초) 만에 타인의 신뢰도를 판단한다고 합니다(Todorov et al., 2005). 즉, 상대방이 나를 인식하는 시간은 우리가 생각하는 것보다 훨씬 짧으며, 단 한 번의 만남에서 강한 인상을 남기는 것이 중요합니다.

　토도로프(Todorov) 연구팀이 2005년 Science에 발표한 실험은 첫인상이 인간의 중요한 의사결정 과정, 특히 선거라는 사회적 선택에까지 미치는 영향을 실증적으로 밝힌 대표적 사례입니다. 이 연구에서 참가자들은 미국 의회 선거 후보자들의 얼굴 사진을 1초도 안 되는 아주 짧은 시간 동안 보았습니다. 이름, 경력, 정책, 성향 등 아무런 정보도 주어지지 않은 상태에서 그저 "얼마나 유능해 보이는가?"를 직감적으로 판단해달라는 요청만 받았습니다. 이렇게 순간적으로, 거의 반사적으로 내려진 판단이 얼마나 정확할까요? 대부분의 사람들은 '그냥 느낌일 텐데 과연 무슨 상관이 있을까?' 하고 생각합니다.

연구 결과는 우리의 예상을 뛰어넘었습니다. 참가자들이 1초 미만의 시간 동안 얼굴만 보고 판단한 '능력 있어 보임' 정도가 실제 선거 결과와 놀라울 만큼 일치했던 것입니다. 상원 선거에서는 무려 71.6%, 하원 선거에서도 66.8%에 달하는 높은 일치도를 보였습니다. 이는 참가자들의 첫인상 판단이 단순한 우연이나 느낌의 영역을 넘어, 실제 투표 결과를 상당 부분 예측하고 있었다는 것입니다. 더 흥미로운 점은 연구팀이 나이, 매력도, 사진의 품질 같은 변수를 모두 통제한 후에도 이러한 결과가 그대로 유지되었다는 사실입니다. 즉, '잘생겨서' 혹은 '어려 보여서' 나타난 결과가 아니라, 인간이 얼굴을 통해 상대의 능력과 리더십을 자동적으로 추론하는 무의식적 판단이 반영된 것입니다.

이 연구가 우리에게 말해주는 핵심 메시지는 분명합니다. 사람들은 생각보다 훨씬 더 빠르게 상대를 평가하며, 그 평가가 실제 행동으로 자연스럽게 이어진다는 것입니다. 첫인 상은 단순한 분위기나 호감도를 넘어 상대를 '능력 있어 보이는 사람'으로 규정하는 순간적인 신호가 됩니다. 그리고 그 신호는 상대의 마음속에서 꽤 오랫동안, 그리고 은근히 강하게 작동합니다. 그래서 첫인상 관리는 좋은 인상을 주기 위한 예의 차원이 아니라, '나의 전문성과 신뢰를 가장 효율적으로 전달하는 전략적 커뮤니케이션'입니다.

당신이 낯선 네트워킹 행사에 참석했다고 상상해 봅시다. 사람들로 붐비는 공간 속에서 누구와 먼저 대화를 나눌지, 어떤 말을 건넬지가 고민될 것입니다. 바로 그 첫 10초가 중요합니다. 누군가의 눈을 바라보고 미소 지으며 악수를 건네는 그 짧은 순간 상대는 당신의 자신감, 신뢰도, 친밀감을 이미 평가하고 있습니다. 만약 그 순간이 어색하거나 불편하게 느껴진다면, 이후의 관계에서도 첫인상은 쉽게 바뀌지 않습니다. 반면 명확한 눈맞춤, 자연스러운 표정, 진심이 담긴 첫 한마디는 상대의 기억 속에 '함께 이야기하고 싶은 사람'으로 각인됩니다.

기업의 리더나 전문 컨설턴트들이 강조하는 첫인상의 비

밀은 단순히 외모나 복장에만 머물지 않습니다. 태도, 제스처, 말투, 그리고 사람이 풍기는 에너지의 흐름이 핵심을 이룹니다. 글로벌 비즈니스 현장에서 신뢰를 얻는 사람들을 보면 대부분 열린 자세로 앉거나 서 있고, 시선은 안정적이며, 상대의 말에 깊이 귀 기울이는 경청 태도를 보입니다. 이런 작은 요소들이 자연스럽게 쌓여 "나는 당신과 이 순간에 진심으로 집중하고 있습니다."라는 강력한 비언어적 메시지를 만들어냅니다.

상대방이 나의 인상을 결정할 때 메시지의 내용이 7%, 목소리 톤이 38%, 표정이나 제스처가 55%의 비중을 차지한다고 알려진 메라비언(Albert Mehrabian)의 '7-38-55 법칙'은 사람들이 잘못 이해한 심리학 통계 중 하나입니다. 이 수치는 감정이 충돌되는 상황에서 '호감도 판단'을 어떻게 하느냐에 대한 제한적인 실험 결과였기 때문에 전체 커뮤니케이션이나 첫인상 형성을 설명하는 데 사용하는 것은 과도한 일반화라는 비판을 받았습니다.

대신 비즈니스 현장에서 더 직접적으로 적용되는 연구들이 주목받고 있습니다. 하버드 비즈니스 스쿨의 에이미 커디(Amy Cuddy)와 동료 연구자들은 신체의 확장된 자세와 안정된 비언어적 태도가 면접, 협상, 프레젠테이션처럼 긴장되는 상황에서 상대가 평가하는 자신감, 유능감, 신뢰성에 직접적으로 영향을 준다는 사실을 밝혔습니다. 실제로 면접관들은 지원자의 말 내용보다 자세, 호흡, 몸의 확장성 같은 비언어적 신호에서 더 강한 인상을 받았으며 이는 최종 평가에도 반영되었습니다.

또한 MIT 미디어랩의 알렉스 펜틀랜드(Alex Pentland)의 'Honest Signals' 연구는 비즈니스 퍼포먼스와 비언어적 행동의 상관성을 데이터 기반으로 보여줍니다. 그는 팀 회의, 영업 현장, 프레젠테이션 상황에서 사람들의 미세한 제스처, 발화 순환 속도, 고개 끄덕임, 미세한 몸의 움직임, 에너지 흐름만 분석해도 팀 성과, 영업 실적, 리더십 영향력을 높은 정확도로 예측할 수 있다고 밝혔습니다. 예를 들어 보험 영업직 직원들의 몸짓 패턴만으로도 실적 상위자를 판별할 수 있었고, 리더의 비언어적 에너지가 팀 몰입도와 생산성과 직접적으로 연결된다는 점도 입증되었습니다.

당신의 첫인상은 말보다 태도에서 만들어집니다. 비즈니스 미팅, 컨퍼런스, 또는 첫 온라인 화상회의에서도 이는 마찬가지입니다. 카메라 앞에서의 표정, 화면 속 눈높이, 그리고 대화 도중의 미묘한 리액션이 상대의 무의식 속에 '함께 일하고 싶은 사람'이라는 인식을 남깁니다. 작은 제스처와 표정 하나가 신뢰를 쌓는 시작점이 되는 셈입니다. 이제 질문을 바꿔볼까요? '어떻게 하면 사람들에게 좋은 첫인상을 남길 수 있을까요?' 그 답은 단순한 외적 꾸밈이 아니라 상대에 대한 진심 어린 관심과 태도에서 비롯된 '내면의 이미지'입니다. 진심은 표정에 묻어나고, 관심은 대화에 스며듭니다. 네트워킹 자리에서 자신의 이야기를 잘하는 사람보다 상대의 말을 경청하고 그 안에서 공감의 포인트를 찾아내는 사람이 더 기억에 남습니다. 그것이 바로 첫 만남에서 신뢰를 얻는 사람의 비밀이자, 얕고 넓은 관계를 깊게 만들어가는 출발점입니다.

'좋은 첫인상'은 단지 한순간의 마법이 아닙니다. 그것은 당신의 태도, 습관, 그리고 사람을 대하는 기본적인 예의가 오랜 시간 쌓여 만들어진 결과물입니다. 매일의 인사, 작은 미소, 짧은 감사의 표현이 결국 당신을 기억하게 만들고 다시 만나고 싶은 사람으로 각인시킵니다. 따라서 첫인상을 잘 관리한다는 것은 단지 외모를 다듬는 일이 아니라, 당신의 관계의 시작을 디자인하는 일입니다.

1. 좋은 첫인상을 남기는 기술과 이미지 연출

한 번 떠올려 봅시다. 당신이 처음 만난 누군가에게 호감을 느꼈던 순간은 언제였나요? 혹은 반대로, 불편함이나 거리감을 느꼈던 경험은요? 우리는 흔히 "첫인상이 전부는 아니야."라고 말하지만, 사실 비즈니스 세계에서는 첫인상이 그 사람의 신뢰도, 전문성, 심지어 능력까지도 평가하는 출발점이 됩니다. 커피 향이 가득한 아침 네트워킹 행사장 안에서 처음 보는 사람과 눈이 마주치는 짧은 찰나, 그 순간이 당신의 기회를 만들 수도, 놓치게 할 수도 있습니다.

이제 본격적으로 생각해봅시다. 어떻게 하면 좋은 첫인상을 남길 수 있을까요?

외적 이미지 관리

깔끔한 복장과 세련된 태도는 상대에게 신뢰감을 줍니다. 사람이 처음 마주한 타인을 평가하는 시간은 단 몇 초에 불과하므로, 단정하고 정돈된 외모와 태도가 긍정적인 인상을 주는 데 중요한 역할을 합니다. 단순히 옷을 잘 입는다는 의미가 아니라 자신이 하는 일에 맞는 '일관된 이미지'를 보여주는 것이 중요합니다. 예를 들어 금융 컨설턴트라면 깔끔한 슈트와 정돈된 말투, 창의적인 디자이너라면 자신만의 개성이 담긴 소품이나 색감이 차별화 포인트가 될 수 있습니다.

명확한 커뮤니케이션

자신을 짧고 명확하게 표현하는 능력은 비즈니스 네트워크에서 매우 중요한 요소입니다. 여기서 '엘리베이터 피치

(Elevator Pitch)'라는 개념이 등장합니다. 이는 엘리베이터를 타고 있는 짧은 시간(약 30초~1분) 동안 핵심을 요약해 자신의 가치나 아이디어를 효과적으로 전달하는 기술을 의미합니다. 예를 들어 "저는 데이터를 활용해 브랜드의 성장 전략을 세우는 일을 합니다."와 같이 명료하고 직관적인 한 문장은 상대에게 '이 사람은 자신이 하는 일을 명확히 알고 있다'는 신뢰를 줍니다.

상대의 관심사 파악

첫 만남에서는 자신의 이야기보다 상대의 이야기를 듣는 것이 더 중요합니다. 상대의 배경, 관심사, 최근 진행 중인 프로젝트 등에 대해 한두 가지 질문을 던지는 것만으로도 신뢰를 형성할 수 있습니다. "최근 어떤 프로젝트를 진행 중이신가요?" 같은 질문은 대화의 문을 자연스럽게 열어줍니다. 특히 비즈니스 미팅에서는 나의 목표를 바로 꺼내기보다 상대의 니즈를 이해하고 그에 맞는 솔루션을 제시하는 것이 훨씬 효과적입니다.

이 세 가지 원칙은 단순한 매너 이상의 의미를 지닙니다. 우리는 이를 통해 얕고 넓은 관계를 전략적으로 확장할 수 있습니다. 단순히 많은 사람을 만나는 것이 아니라 한 번의 만남에서도 깊은 인상을 남기는 것이 핵심입니다. 그렇게 만들어진 '첫인상의 기억'은 다음 만남을 약속하게 하고, 새로운 기회를 여는 문이 됩니다. 비즈니스 현장에서는 이런 순간들이 쌓여 인생의 전환점을 만듭니다. 한 HR 담당자는 이렇게 말했습니다. "면접 때 지원자가 문을 열고 들어오는 몇 초 만에, 그 사람의 태도와 에너지를 통해 팀과 어울릴 수 있을지를 감지합니다." 그 몇 초는 그저 우연이 아니라 준비된 첫인상이 만들어내는 결과입니다.

2. 첫인상을 위한 효과적인 이미지 연출

최근에 만난 사람, 그리고 앞으로 만날 사람들과의 긍정적인 관계 형성을 위해 첫인상 연출은 매우 중요합니다. '보여지는 모습은 곧 보이지 않는 내면'이라는 말이 있습니다. 이는 단순한 격언이 아니라 심리학과 사회학 연구에서도 지속적으로 강조되고 있는 사실입니다. 특히 비즈니스 환경에서는 첫인상이 곧 전문성의 신호로 작용합니다. 사회심리학자 에이미 커디(Amy Cuddy)의 연구에 따르면, 사람들은 처음 만난 타인을 평가할 때 '신뢰감(warmth)'과 '전문성(competence)' 두 가지 요소를 중심으로 판단합니다. 놀랍게도 대부분의 사람들은 이 두 요소 중 신뢰감을 먼저 평가합니다. 즉, 첫인상 형성에서 신뢰감과 전문성이 전체 인상의 80~90%를 결정하고, 신뢰감이 부족한 전문가는 오히려 위협적으로 느껴질 수 있으며, 이는 "진심이 느껴지는가?"가 "얼마나 잘하는가?"보다 더 중요하다는 것을 의미합니다.

보험 설계 일을 시작한 한 지인의 이야기는 이를 잘 보여줍니다. 그는 이렇게 말했습니다. "나는 가까운 사람들이 내가 이 일을 시작하면 누구보다 반가워해 줄 거라 생각했어요. 처음엔 주변 지인들에게 연락을 돌렸죠. '이 사람이라면 분명 나를 믿고 도와줄 거야'라는 기대가 있었거든요. 하지만 현실은 생각과 달랐습니다. 보험 세일즈를 한다고 했을 때 평소 가깝게 지내던 사람들이 갑자기 바빠지거나, 메시지를 읽고 답이 없을 때도 많았어요. 겨우 만남이 이루어져도 대화 내내 형식적이었고, 마치 나를 돕기 위해 억지로 시간을 내주는 듯한 느낌이 들었습니다. 그런 상황이 반복되면서 '내가 뭔가 잘못하고 있는 걸까?' 하는 회의감이 들기도 했죠."

그는 이후 접근 방식을 바꾸었습니다. "가까운 사람들에게 기대기보다, 새로운 사람을 만나보기로 했어요. 오히려 낯선 사람들은 내 이야기를 더 진지하게 들어줬어요. 그들은 나를 기존의 이미지로 판단하지 않았고, 내가 지금 어떤 일을 하고 있는지를 있는 그대로 받아들였죠. 그래서 첫인상부터 신뢰를 얻을 수 있었고, 실제로 계약으로 이어지는 경우도 많았어요."

이 경험은 첫인상의 힘이 얼마나 중요한지를 잘 보여줍니다. 기존의 지인들은 이미 형성된 이미지로 우리를 바라보기 때문에 새로운 역할이나 직업으로 전환했을 때 그 틀에서 벗어나기 어렵습니다. 반면 처음 만나는 사람들은 선입견이 없기 때문에 오히려 우리의 태도, 말투, 표정에서 느껴지는 진정성과 전문성을 더 객관적으로 받아들입니다. 즉, 첫인상은 '새로운 나'를 보여줄 수 있는 기회의 장이 되는 것입니다. 특히 영업, 상담, 컨설팅과 같은 직업에서는 첫 만남의 몇 분 안에 고객의 신뢰를 얻느냐가 성패를 좌우하기 때문에, 외적 이미지뿐 아니라 태도와 진심이 일관되게 전달되어야 합니다.

기존의 지인들은 이미 형성된 이미지로 우리를 바라봅니다. 하지만 처음 만난 사람은 선입견 없이 우리의 태도와 말, 표정만으로 인상을 판단합니다. 그래서 첫 만남의 이미지 연출이 곧 기회로 이어지는 결정적 요소가 됩니다. 옷차림, 자세, 눈맞춤, 말투, 미소 이 모든 것이 비언어적 신뢰의 신호로 작용합니다.

비즈니스 네트워킹, 영업, 프레젠테이션, 혹은 면접 등 모든 첫 만남의 자리에서 '나는 어떤 인상으로 기억될까?'를 스스로 점검해 보세요. 첫인상은 단순한 외적 평가가 아니라, 내면의 태도를 시각적으로 보여주는 언어입니다. 따라서 외면을 가꾸는 일은 곧 내면의 신뢰와 전문성을 표현하는 일입니다. 좋은 첫인상은 운이 아니라 '준비된 진심'에서 시작됩니다.

2부 성공을 이끄는

비즈니스 미팅
‘체크 포인트’

1장 긍정적인 첫인상을 위한 고객을 만나기 전 '체크포인트'

비즈니스 미팅은 단순히 약속된 시간과 장소에서 만나는 행위가 아닙니다. 당신의 전문성과 신뢰를 증명하는 무대이자, 상대방이 당신을 평가하는 결정적인 시간입니다. 첫 만남에서 주어진 10분은 이후의 관계를 결정짓는 10시간보다 강력하다고 합니다. 하지만 성공적인 미팅은 그 10분 전에 이미 시작되고 있습니다. 바로 '준비'라는 과정에서 말이죠.

준비된 비즈니스맨은 결코 즉흥적으로 움직이지 않습니다. 그들은 미팅 당일의 인상뿐 아니라 미팅 이전의 모든 과정을 전략적으로 관리합니다. 상대방의 일정과 관심사를 파악하고, 대화 주제와 핵심 자료를 사전에 준비하며, 미팅의 목표를 명확히 설정하는 것이 기본입니다. 이렇게 철저한 사전준비가 되어 있는 사람은 당일 상황에서 여유를 잃지 않고 자연스럽게 자신감을 드러냅니다.

미팅 준비는 단순히 자료를 정리하고 복장을 갖추는 수준에서 끝나지 않습니다. 고객의 일정, 마음가짐, 그리고 나를 어떻게 인식할지를 세밀하게 고려해야 합니다. '성공적인 미팅은 미리 준비된 사람에게 미소 짓는다'는 말이 있습니다. 많은 영업인과 전문가들이 이 사전준비 단계를 간과하지만, 실제로 이 시간이 전체 미팅의 절반 이상을 결정합니다. 준비되지 않은 사람은 상황에 끌려다니지만, 준비된 사람은 상황을 주도합니다. 그렇다면 '성공적인 첫인상'을 만들기 위해 고객을 만나기 전 반드시 확인해야 할 세 가지 체크포인트는 무엇일까요?

Check Point 1. 고객에게 리마인드 문자 보내기

앞서 설명했듯이 비즈니스 미팅의 성패는 준비에서 결정된다고 해도 과언이 아닙니다. 미팅 전날 고객에게 리마인드 문자를 보내는 것은 단순한 약속 확인을 넘어 상대방에 대한 배려와 프로페셔널한 태도를 보여주는 강력한 신호입니다. 많은 영업 전문가들은 리마인드 메시지를 '작은 행동이 만들어내는 큰 차이'라고 말합니다. 당신이 보낸 짧은 메시지 하나가, 고객의 머릿속에서 당신을 '신뢰할 만한 사람'으로 자리 잡게 하는 시작점이 됩니다. 예를 들어 한 금융 컨설턴트가 중요한 미팅을 앞두고 있다고 가정해 봅시다. 그는 전날 오후 3시경 고객에게 이렇게 문자를 보냅니다.

"안녕하세요, [회사명]의 [이름]입니다. 내일 [시간]에 예정된 상담을 앞두고 다시 한번 일정 확인드립니다. 편하신 시간에 뵙겠습니다. 좋은 하루 보내세요!"

짧고 정중한 문장 속에 고객은 여러 가지 메시지를 읽어냅니다. '이 사람은 약속을 소중히 여기는구나', '준비가 철저하네', '나를 존중하고 있구나' 바로 이 세 가지 인식이 첫인상을 좌우합니다.

리마인드 문자를 보내는 최적의 시점

타이밍은 모든 비즈니스의 핵심입니다. 리마인드 문자는 미팅 전날 오전 9시에서 오후 6시 사이에 보내는 것이 이상적입니다. 특히 오전 10시~11시 또는 오후 2시~5시가 가장 효과적이라는 연구 결과가 있습니다. 이 시간대는 대부분의 직장인이 주요 업무를 마무리하고 외부 소통에 여유가 생기는 시간으로, 메시지를 확인하고 반응할 가능성이 높습니다.

한 영업 전문가 B 씨의 경험을 들어봅시다. 그는 "예전에는 밤늦게 고객에게 메시지를 보냈는데, 오히려 다음 날 미팅 분위기가 떡떡해졌어요. 문자 시간 하나가 이렇게 영향을 주는 줄 몰랐죠."라고 회상했습니다. 그는 어느 날, 퇴근 무렙 조용한 사무실에서 잠깐의 여유를 내어 고객에게 오후 3시쯤 '내일 뵙겠습니다'라는 짧은 문자를 보냈습니다. 그런데 놀랍게도 그 다음 날 미팅의 분위기가 완전히 달라졌습니다. 고객은 그에게 먼저 웃으며 인사했고, 대화는 한결 부드럽게 이어졌습니다. 그는 이렇게 덧붙였습니다. "오후 3시의 메시지는 고객의 마음을 여는 마법 같은 타이밍이었어요. 그 시간에는 모두가 바쁜 일정을 어느 정도 마무리하고 짧게 숨을 고르는 순간이거든요. 그때 오는 메시지는 부담스럽지 않아요. 오히려 '아, 이 사람이 내 일정을 배려했구나'라는 생각이 들죠." 이런 작은 디테일의 변화가 고객의 마음속 신뢰도를 높이는 결정적인 요인이 되었던 것입니다. 이는 과학적 근거가 있습니다. 오후 시간대는 스트레스 호르몬인 코르티솔(cortisol) 수치가 낮아지면서 사람의 감정이 상대적으로 유연해지는 시점입니다. 즉, 그 시간에 전해지는 메시지는 고객이 긍정적으로 받아들일 확률이 높습니다.

이러한 원칙을 바탕으로 몇 가지 실용적인 팁을 살펴봅시다. 만약 미팅 시간이 오전이라면 전날 오후 3시~5시 사이, 오후 미팅이라면 당일 오전 9시~10시 사이에 리마인드 메시지를 보내는 것도 좋습니다. 단, 주말 미팅이라면 금요일 오후에 미리 보내 고객이 주말 일정을 조정할 시간을 확보하도록 하세요.

리마인드 문자가 중요한 이유

'동상이몽'이라는 말처럼 비즈니스 관계에서 상대방의 우선순위는 당신의 것과 다를 수 있습니다. 당신에게는 이번 미팅이 한 달간 준비한 중요한 자리일 수 있지만, 고객에게는 그저 평범한 일정 중 하나일 수 있습니다. 바쁜 일정 속에서 미팅이 잊히거나 우선순위에서 밀리는 일은 생각보다 자주 일어납니다.

이때 리마인드 메시지는 '기억의 트리거(Trigger)' 역할을 합니다. 간단한 메시지 하나로 고객의 머릿속에 '내일 이 사람과의 약속이 있지'라는 인식을 각인시키는 것입니다. Imperial College London의 연구에 따르면, 문자 리마인드를 받은 그룹의 노쇼(No-show)율이 38% 낮았다고 합니다. 의료 예약, 상담, 미팅 등 다양한 분야에서 리마인드 메시지가 약속 이행율을 높이는 데 매우 효과적이라는 사실이 입증된 것이죠.

리마인드 메시지는 또한 '세심한 사람'이라는 이미지를 만들어 줍니다. 고객 입장에서는 그 한 통의 문자가 단순한 일정 확인을 넘어, '나를 위해 신경 써주는 태도'로 느껴집니다. 이러한 인식이 반복되면 신뢰와 호감이 쌓이고 결국 장기적인 관계로 이어집니다.

리마인드 문자를 쓰는 실전 가이드

비즈니스 문자는 '감성'과 '공식성'의 균형이 중요합니다. 지나치게 딱딱하면 거리감이 생기고, 반대로 너무 캐주얼하면 신뢰도가 떨어질 수 있습니다. 상황에 따라 톤앤매너를 조절하는 것이 포인트입니다.

1) 격식 있는 정중한 스타일

안녕하세요, [회사명]의 [이름]입니다. 내일 [미팅 시간]에 예정된 미팅을 앞두고 다시 한번 일정 확인드립니다. 바쁘신 와중에도 시간을 내주셔서 감사드리며, 내일 뵙겠습니다. 의미 있는 시간이 되도록 준비하겠습니다.

2) 친근하고 부드러운 스타일

안녕하세요, [이름]님! 내일 [미팅 시간]에 뵙기로 한 약속 다시 확인드립니다. 편하신 시간에 장소와 시간 한 번만 확인 부탁드려요. 좋은 하루 보내세요!

3) 상황형 응용 버전 (고객 맞춤)

안녕하세요, [이름]님. 지난번 말씀해주신 [관심 주제] 관련 아이디어를 미팅에서 함께 나누고 싶습니다. 내일 [시간]에 뵙기로 한 약속 다시 확인드립니다. 준비 잘 하겠습니다.

문자를 보낼 때는 '진심이 느껴지도록 구체적인 언급'을 포함하는 것이 좋습니다. 예를 들어 "지난번에 말씀하신 부분을 참고했습니다.", "이전 대화에서 나온 아이디어를 정리해왔습니다." 같은 문장은 상대에게 '이 사람은 나를 기억하고 있구나'라는 긍정적인 인식을 심어줍니다.

마지막으로, 리마인드 메시지는 예의이자 전략입니다. 짧은 문장 하나가 관계를 강화하고, 미팅 분위기를 결정짓습니다. 바쁘다는 이유로 생략하기 쉬운 이 행동이야말로 진정한 프로페셔널을 구분 짓는 차이입니다. '고객에게 보내는 한 줄의 메시지'가 당신의 비즈니스를 다음 단계로 이끌 것입니다.

> ***씨 조금 전 전화 드린 **생명 홍종윤 입니다.
> 아래와 같이 상담 일정 재 안내 드립니다
> 변경이 필요하시면 언제든 말씀주세요
>
> 일시: 20**년 *월 *일(화) 오후 3시
> 장소: **카페(***씨 사무실 지하)
>
> 부담 갖지 마시고 커피한잔 한다 생각하시고 오세요
> 이틀후 뵙겠습니다
>
> -** 생명 홍종윤-

문자메시지 예시

Check Point 2. 미팅의 성공은 전날 밤에 결정된다

비즈니스 미팅의 준비는 단순히 시간과 장소를 맞추는 것이 아닙니다. 그 순간은 나의 전문성과 신뢰를 증명하는 무대이며, 상대방이 나를 판단하는 첫 번째 기회입니다. 그러나 그 무대의 성패는 미팅 당일이 아니라, 전날 밤에 결정됩니다. 준비된 비즈니스맨은 결코 즉흥적으로 움직이지 않습니다. 그들은 미팅의 목적, 상대방의 성향, 그리고 장소의 분위기를 사전에 분석하며, 어떤 이미지를 보여줄지를 세밀히 설계합니다.

아침에 급히 옷장을 열어 '입을 게 없다'는 생각에 허둥대는 순간, 그날의 자신감은 이미 20%쯤 줄어듭니다. 반면, 전날 밤에 옷을 미리 챙겨두는 사람은 하루를 여유롭게 시작합니다. 단정한 복장과 준비된 태도는 상대방에게 신뢰를 주며 본인에게는 심리적 안정감을 제공합니다. 이런 작은 차이가 결국 비즈니스 결과를 바꿉니다.

내일의 미팅, 어떤 성격인가요?

첫인상은 상황에 따라 전략적으로 설계되어야 합니다. 첫 만남이라면 신뢰감을 주는 파란색 계열의 복장을, 두 번째 만남에서는 유연함과 친근함을 주는 중간 톤(베이지, 그레이)을, 클레임 대응이라면 감정을 안정시키는 네이비나 브라운 계열을 추천합니다. 색채는 언어보다 빠르게 감정을 전달하는 비언어적 메시지입니다. 파란색은 신뢰와 안정감을, 네이비는 전문성과 품격을 상징합니다. 이러한 이유로 많은 글로벌 기업들이 파란색을 기업 이미지 컬러로 사용하고 있습니다. 영국 맨체스터 대학의 색채 심리학 연구(2018)에 따르면 파란색 계열의 옷을 입은 사람은 다른 색상보다 27% 더 신뢰할 만하다고 평가했습니다. 이처럼 색은 단순한 미적 선택이 아니라 심리적 전략입니다.

고객은 두 가지 체험을 한다

고객은 당신을 만날 때 제품이나 서비스를 경험하는 동시에 두 가지 체험을 합니다. 첫째는 전문성을 평가하는 기능적 체험, 둘째는 신뢰와 인상을 형성하는 감정적 체험입니다. 대부분의 영업인은 기능적 체험, 즉 상품 설명이나 제안서 준비에는 충실하지만, 감정적 체험의 중요성을 종종 간과합니다. 감정적 체험은 당신의 태도, 표정, 복장, 공간의 분위기 등에서 비롯됩니다. 명함을 건넬 때의 손끝, 고객의 말을 경청하는 눈빛, 대화의 흐름을 존중하는 자세 등이 있습니다. 영화 '악마는 프라다를 입는다'에서 주인공이 옷차림 하나로 태도와 자신감을 바꾸는 장면처럼 복장은 단순한 외형이 아닌 내면의 태도이자 상대의 평가 기준입니다.

감각적 체험을 높이는 실전 팁

첫 만남에는 네이비나 코발트 블루로 신뢰감을, 두 번째 만남에는 그레이 또는 베이지로 편안함을, 클레임 대응 시에는 차콜 그레이나 다크 브라운으로 진정성을 전달하세요.

컬러 전략 세우기

비즈니스 캐주얼 활용

관계가 형성된 이후에는 완전한 정장보다는 품격 있는 캐주얼이 좋습니다. 남성은 블레이저와 셔츠, 여성은 블라우스와 슬랙스 조합이 적절합니다.

셔츠, 블라우스 점검

너무 타이트하거나 구겨진 셔츠는 신뢰를 깎습니다. '편안함 속의 단정함'이 핵심입니다.

구두 관리

미국 캔자스대 연구에 따르면 사람들은 신발만 보고도 상대의 성격을 90% 이상 정확히 예측할 수 있다고 합니다. 전날 밤 구두를 닦아두는 습관은 작은 노력으로 큰 인상을 남기는 방법입니다.

외형은 내면의 확장이다

비즈니스 매너에서 외형적 준비는 단순한 겉치레가 아닙니다. 옷차림은 자신에 대한 태도이자 상대방을 존중하는 표현입니다. 준비된 외모는 '나는 이 만남을 중요하게 생각한다'는 메시지를 전달합니다. 반면 정돈되지 않은 복장은 그 반대의 인상을 줍니다. 성공하는 사람들은 하루의 일정이 끝난 뒤에도 다음 날의 복장, 구두, 명함 케이스, 노트를 미리 정리합니다. 그들은 미팅이 시작되기도 전에 이미 반은 성공한 셈입니다. 내일의 성공은 내일 아침이 아닌 오늘 밤 옷걸이 앞에서 만들어집니다.

Check Point 3. 명함은 당신의 첫 번째 목소리다

회의실 문이 열리고, 두 사람이 마주 앉습니다. 미소와 함께 주고받는 첫 제스처는 악수일 수도 있지만, 진짜 시작은 명함이 오가는 그 순간입니다. 그 짧은 찰나에 상대는 당신의 준비성, 세심함, 그리고 태도를 읽어냅니다. 명함은 단순한 종이 한 장이 아니라, 당신의 브랜드이자 비즈니스 신뢰의 시작점입니다.

한 번 상상해봅시다. 중요한 첫 미팅 자리에서 상대가 명함을 건넸는데, 당신은 순간 가방을 열고 안을 뒤적입니다. 노트북, 서류, 펜 사이를 급히 살피다 명함 한 장을 찾아내지만, 구겨져 있고 손에는 땀이 배어 있습니다. 그 명함을 내미는 순간, 상대의 표정이 미묘하게 변하죠. 이런 작은 순간이지만 상대는 이미 당신의 준비성과 세심함을 판단하게 됩니다.

반면 준비된 사람은 미팅 전 엘리베이터에서 명함집을 열어 상태와 수량을 확인합니다. 명함은 정돈되어 있고, 손끝의 동작은 여유롭습니다. 자리에 앉자마자 자연스럽게 명함집을 꺼내고, 상대가 명함을 내밀 때 부드럽게 눈을 맞추며 양손으로 건넵니다. 짧은 순간이지만 그 태도에서 상대는 신뢰와 전문성을 느낍니다.

이 작은 차이가 큰 인상을 만듭니다. 준비되지 않은 사람은 '능력은 있지만 부족한 사람'으로, 준비된 사람은 '믿을 수 있는 전문가'로 남습니다. 명함 준비는 단순한 형식이 아니라 자신을 관리할 줄 아는 사람임을 보여주는 전략입니다. 미팅의 첫 30초 동안 말보다 행동이 더 많은 정보를 전달하며 이 세심한 디테일이 곧 당신의 브랜드를 만듭니다.

명함 준비의 기본 원칙

비즈니스에서 명함은 '작지만 가장 강력한 무기'입니다. 미팅 전, 명함을 챙기고 상태를 점검하는 것은 가장 기본적인 준비이자, 당신의 프로페셔널리즘을 보여주는 과정입니다. 다음의 세 가지 원칙을 기억하세요.

1) 충분한 수량 확보

예상되는 만남의 수보다 여분을 준비하세요. 특히 네트워킹 행사나 컨퍼런스에서는 예상치 못한 인연이 생기기도 합니다. 명함이 떨어져 "죄송하지만 명함이 없네요."라고 말하는 순간, 그 관계는 이미 한 걸음 멀어집니다.

2) 명함 상태 점검

구겨지거나 색이 바랜 명함은 '세심하지 못한 사람'이라는 인상을 줍니다. 명함은 작지만 '나'를 상징하는 오피스 아이템입니다. 깔끔한 상태로 유지하기 위해 명함집을 활용하세요. 가죽 소재의 명함집은 고급스러움을, 메탈 소재의 명함집은 실용적이면서도 단정한 인상을 줍니다. 단, 지나친 장식은 오히려 경박해 보일 수 있으니 적절한 소재와 디자인의 명함집을 선택해야 합니다.

3) 적절한 명함 선택

프로젝트나 상황에 따라 다른 명함을 준비하는 것이 현명합니다. 예를 들어 본업 외에 컨설팅이나 강의를 병행한다면 해당 미팅의 목적에 맞는 명함을 선택하세요. 협업 논의 자리에서는 공동 프로젝트가 표기된 명함을, 신규 제안 미팅에서는 본 직함이 명확히 드러나는 명함을 사용하는 것이 좋습니다. 이는 상대에게 신뢰와 전문성을 동시에 전달하는 전략입니다.

명함집, 작지만 강력한 매너의 상징

명함집은 단순한 수납 도구가 아닙니다. 비즈니스인의 품격을 보여주는 디테일입니다. 지갑에서 명함을 꺼내는 행동은 피해야 합니다. 구겨지거나 손때가 묻은 명함은 상대에게 '준비 부족'의 인상을 줍니다. 반면 전용 명함집에서 깔끔한 명함을 꺼내면 '이 사람은 정돈된 사람이구나'라는 인식을 심어줄 수 있습니다. 비즈니스 매너 전문가들은 명함집을 다음 세 가지로 구분합니다.

가죽 명함집

격식 있는 자리와 전반적인 미팅에 어울립니다. 차분하면서도 클래식한 인상을 줍니다.

메탈 명함집

내구성이 높고 현대적인 이미지를 전달합니다. 다만 과도한 장식은 피해야 합니다.

디지털 명함 앱

최근에는 스마트폰 명함 교환이 늘고 있지만, 전통적인 명함 교환 문화는 여전히 중요합니다. 종이 명함은 '진심과 예의'를 담는 물리적 상징이기 때문입니다.

가죽 소재 명함지갑, 메탈 소재 명함지갑, 디지털 명함지갑

명함에서 읽을 수 있는 정보의 가치

명함은 단순한 이름표가 아닙니다. 한 장의 명함에는 상대의 비즈니스 수준과 커뮤니케이션 스타일이 고스란히 담겨 있습니다.

이메일 주소에서 드러나는 성향

이메일 주소는 상대의 성격과 업무 스타일을 암시합니다. 예를 들어 이름을 그대로 사용한 주소(hong.gildong@company.com)는 공식적이고 책임감 있는 인상을, 창의적인 단어(smile, design 등)를 포함한 주소는 유연하고 개방적인 성향을 보여줍니다. 이처럼 세심하게 상대의 명함을 관찰하는 습관은 향후 대화의 포인트를 만들고, 협력 시 커뮤니케이션 방식을 예측하는 데 도움이 됩니다.

기업 규모 및 신뢰성 판단

명함에 적힌 정보들은 기업의 신뢰도를 파악하는 지표가 됩니다.

회사 이메일 도메인(@company.com) 같은 기업 도메인은 공식성과 체계성을 나타냅니다. 반면 개인 이메일(naver.com, gmail.com)만 사용하는 경우 1인 기업이나 초기 스타트업일 가능성이 있습니다. 공식 주소와 유선 번호가 명시되어 있다면 조직적 운영 체계를 갖춘 회사로 볼 수 있습니다. 1인 기업이라도 비즈니스 신뢰를 높이기 위해 '회사형 명함'을 제작하세요.

1인 사업자일 경우 사무실이 없어 집주소를 명함에 넣는 경우가 있습니다. 하지만 이런 경우 기업 대 기업으로 수주

받는 프로젝트에서는 회사라는 이미지를 주지 못할 수도 있습니다. 따라서 집주소가 아닌 사무실 주소(공유 오피스라도 가능), 유선번호, 기업 이메일을 명기하면 고객이 느끼는 신뢰도가 높아집니다.

고객을 만나기 전, 명함집을 꺼내 두는 습관

명함은 단순히 교환하는 물건이 아니라 '비즈니스의 첫 동작'입니다. 미팅 직전 명함집을 미리 안주머니나 손에 준비해 두면 훨씬 자연스럽게 명함을 건넬 수 있습니다. 가방을 뒤적이거나 명함을 찾느라 허둥대는 모습은 '준비 부족'의 상징이 될 수 있습니다.

고객과 명함 교환하는 모습, 서두르지 않기 위해 명함 미리 준비하는 모습

명함을 건네는 순간 상대는 당신의 신뢰도와 전문성을 평가합니다. 명함을 양손으로 건네며 눈을 맞추는 행동, 상대의 명함을 받은 후 잠시 눈으로 확인하며 이름을 부르는 행동

등 이 모든 것이 존중의 표현이자 비즈니스 매너의 완성입니다. 또한 명함은 반드시 가슴 안쪽 주머니에서 꺼내는 것이 이상적입니다. 이는 상대방에 대한 예의와 진심을 상징합니다. 반면 뒷주머니나 지갑에서 꺼내는 것은 신뢰를 떨어뜨릴 수 있습니다. 실제로 세일즈 전문가들은 첫 인상 평가의 80%가 이러한 세부적인 제스처에서 결정된다고 말합니다.

명함은 당신의 '브랜드 서명'이다

명함 교환은 단순한 형식이 아니라, 비즈니스 관계의 첫 단추를 끼우는 순간입니다. 깔끔한 명함은 당신의 태도를, 단정한 명함 교환은 당신의 신뢰를 말해줍니다. 명함을 주고받는 단 몇 초의 행동 속에 당신의 브랜드 이미지가 완성됩니다. 따라서 미팅 전날, 명함집을 확인하는 습관을 들이세요. 명함 수량, 상태, 명함집의 위치까지 점검하는 그 세심함이 바로 당신의 경쟁력입니다. "명함은 당신이 떠난 뒤에도 당신의 인상을 대신해 남는 가장 작은 브랜드 도구다." 명함을 깔끔히 챙기고, 준비된 자세로 미팅에 나서는 것, 그것이 진정한 프로페셔널의 첫 걸음입니다.

2장 성공적인 비즈니스를 위한 미팅 당일 '체크포인트'

/

Check Point 1. 그루밍에 집중해야 한다

면도하는 모습, 향수 뿌리는 모습, 구두 닦는 모습

비즈니스 세계에서 첫인상은 단순히 '겉모습'의 문제가 아닙니다. 그것은 상대방이 당신을 신뢰할지, 경계할지를 결정짓는 심리적 신호이자 관계의 첫 관문입니다. 우리가 고객을 처음 만나는 순간 그들은 우리의 말보다 외모, 표정, 제스처, 자세를 통해 먼저 평가를 시작합니다. 단정한 헤어스타일, 깔끔한 손톱, 청결한 복장, 관리된 구두, 그리고 자연스러운 미소 등 이 모든 디테일이 모여 '프로페셔널함'이라는 첫 이미지를 만들어냅니다.

첫인상에서 외모는 왜 중요한가

사람들은 첫인상을 7초 안에 결정합니다. 이때 시각적 정보가 전체 판단의 70% 이상을 차지합니다. 상대방은 당신의 말이나 실력에 앞서 '보이는 이미지'로 신뢰 여부를 가늠합니다. 특히 영업, 컨설팅, 코칭 등 관계 중심의 비즈니스에서는 외모가 곧 신뢰의 신호로 작용합니다. 깔끔한 사람은 '체계적일 것 같다'는 인식을 주고, 정돈되지 못한 사람은 '세심함이 부족할 것 같다'는 인식을 줍니다.

예를 들어 당신이 새로운 고객을 처음 만나는 날이라고 상상해보세요. 회의실 문이 열리고, 고객이 당신을 바라봅니다. 구두는 윤기가 흐르고, 셔츠는 구김 없이 정돈되어 있으며, 헤어는 단정합니다. 고객은 당신의 첫인상만으로도 '이 사람은 믿을 수 있겠다'는 안도감을 느낍니다. 반면 머리가 흐트러지고 구두에 먼지가 묻어 있다면 아무리 완벽한 프레젠테이션을 준비했더라도 이미 신뢰의 문은 반쯤 닫혀 있을 것입니다.

그루밍은 '꾸밈'이 아닌 '비즈니스 전략'이다

그루밍은 단순히 외모를 꾸미는 행위가 아닙니다. 그것은 자신을 신뢰할 수 있는 사람으로 표현하는 비즈니스 전략이 자 고객에 대한 예의입니다. 전문가는 자신의 일과 마찬가지로 자신을 '관리'할 줄 아는 사람입니다. 외모 관리는 세부적인 요소에서 완성됩니다. 헤어는 자연스럽게 정돈되어야 하고, 구두는 깨끗하게 닦여 있어야 하며, 손톱은 짧고 청결해야 합니다. 잔머리가 많거나 지나치게 향이 강한 향수, 과한 액세서리는 오히려 집중을 방해합니다. 세일즈 전문가라면 고객의 시선을 본인에게 집중시켜야 하지, 복장이나 향에 빼앗겨서는 안 됩니다.

특히 남성이라면 수염과 코털 관리에 신경 써야 합니다. 미세한 부분이지만 상대방은 그 디테일에서 '관리의 정도'를 느낍니다. 여성이라면 액세서리나 메이크업은 단정하고 자연스럽게 유지하는 것이 좋습니다. 단 한 번의 만남이 평생의 인상을 결정할 수 있음을 기억해야 합니다.

보험 컨설턴트의 이미지 전환

한 금융 컨설턴트가 있었습니다. 그는 자유로운 성격으로 힙합 스타일의 옷차림과 피어싱, 화려한 액세서리를 즐겨 착용했습니다. "저는 젊은 고객층에게 어필하려면 그들과 비슷한 모습이어야 한다고 생각했어요.”라고 말했습니다. 실제로 초기에는 비슷한 취향을 가진 고객층에게 호감을 얻었지만, 시간이 지나자 새로운 고객층으로의 확장이 어려워졌습니다. 1차 지인 영업이 아닌 2차, 3차 지인 영업으로 갈수록 나와 삶의 방식이나 가치관이 다른 사람들을 만날 가능성이 높습니다. 그렇기 때문에 보다 보편적이고 안정적인 인상을 주는 ‘금융인의 이미지’를 갖추는 것이 중요합니다. 누구에게나 설득력 있게 다가갈 수 있는 외모와 태도는 장기적인 신뢰 관계를 형성하는 핵심 자산이 됩니다.

그는 이미지 코칭을 받은 후 중립적인 복장으로 스타일을 변경했습니다. 화려한 악세서리를 줄이고, 헤어를 깔끔하게 정리했으며, 블루톤 셔츠와 네이비 슈트를 선택했습니다. 그후 그의 고객층은 2배로 늘었고, 고객 소개율도 높아졌습니다. 사람들은 여전히 그를 ‘편안한 사람’으로 느꼈지만, 이제는 ‘믿을 수 있는 전문가’로 인식했습니다. 이 사례가 보여주는 핵심은 명확합니다. 비즈니스 현장에서는 개성보다 신뢰가 먼저다. 자신을 표현하되, 고객이 편안하게 느낄 수 있는 범위 내에서 스타일을 조정해야 합니다.

이러한 맥락은 다른 업종에도 그대로 적용됩니다. 보험 컨설턴트, 세일즈 전문가, 기업인 모두에게 외모는 말없는 설득 도구이자 신뢰의 출발점입니다. 고객은 당신이 자신을 얼마나 존중하는지를 외모에서 먼저 읽어냅니다. 그러므로 전문직일수록 일관된 이미지와 태도를 유지해야 하며, 이는 곧 브랜드 자산이 됩니다.

직업의 전문성에 맞게 연출하는 이미지메이킹

직업별로 기대되는 신뢰의 이미지

모든 직업에는 그에 어울리는 이미지가 있습니다. 고객은 각 직업군마다 '기대하는 모습'을 가지고 있습니다. 항공 승무원은 단정함과 미소, 피부관리사는 청결한 피부, 금융 전문가는 신뢰감을 주는 정장 차림을 기대합니다. 이러한 기대를 충족시킬 때 고객은 무의식적으로 신뢰를 형성합니다. 비즈니스 전문가에게 복장은 단순히 '입는 것'이 아니라, 자신이 하는 일의 품격과 신뢰 수준을 보여주는 시각적 언어입니다. 단정한 복상은 체계적이고 전문적인 이미지를 전달하며, 이는 고객이 느끼는 '신뢰의 첫 인상'을 강화합니다.

외모 점검 체크리스트

헤어스타일: 머리가 흐트러지거나 지나치게 화려하지 않고 헤어 컬러는 자연스러운가?

①매우 그렇다 ②그렇다 ③보통이다 ④그렇지않다 ⑤매우그렇지 않다

악세서리: 시선이 빼앗길 정도로 화려하지 않은가?

①매우 그렇다 ②그렇다 ③보통이다 ④그렇지않다 ⑤매우그렇지 않다

표정과 눈빛: 밝고 신뢰감이 느껴지며 앞머리가 눈을 가리지는 않는가?

①매우 그렇다 ②그렇다 ③보통이다 ④그렇지않다 ⑤매우그렇지 않다

손톱과 손 관리: 손톱이 깨끗하고 정돈되어 있는가?

①매우 그렇다 ②그렇다 ③보통이다 ④그렇지않다 ⑤매우그렇지 않다

복장 상태: 입은 옷은 구김이 없고 넥타이는 단정한가?

①매우 그렇다 ②그렇다 ③보통이다 ④그렇지않다 ⑤매우그렇지 않다

이 다섯 가지 중 하나라도 부족하다면 (④그렇지않다, ⑤매우그렇지 않다) 당신의 첫인상은 이미 감점을 받을 위험이 있습니다.

그루밍은 '비언어적 설득'이다

비즈니스에서 고객은 당신의 말을 듣기 전에 당신의 '모습'을 봅니다. 헤어와 복장, 표정, 자세는 말보다 빠르게 당신의 신뢰도를 전달하는 언어입니다. 한 미용실의 원장은 이렇게 말합니다. "헤어디자이너가 자신의 머리를 관리하지 않으면 고객은 머리를 맡기지 않아요." 이는 모든 업종에 해당하는 진리입니다. 금융 전문가가 구겨진 셔츠를 입으면, 고객은 그의 재무 관리 능력까지 의심하게 됩니다. 서비스직, 세일즈직, 컨설팅직 모두 마찬가지입니다. 깔끔한 외모는 단순히 보기 좋은 것이 아니라, 당신의 업무 태도와 신뢰 수준을 미리 보여주는 지표입니다.

첫인상은 준비된 사람에게 미소 짓습니다. 정돈된 외모는 자신에 대한 존중이며, 동시에 고객에 대한 예의입니다. 단정한 헤어, 깨끗한 손, 자신감 있는 미소는 모두 신뢰의 시작점이 됩니다. 특히 보험 컨설턴트나 세일즈 전문가처럼 다양한 고객층을 상대하는 사람일수록 나와 다른 배경과 가치관을 지닌 이들에게도 설득력을 가질 수 있는 보편적인 이미지를 갖추는 것이 중요합니다.

매일 아침 거울 앞에서 스스로에게 물어보세요. "오늘 나는 신뢰를 주는 사람으로 준비되어 있는가?" 이 질문에 '그렇다'고 대답할 수 있다면, 이미 당신은 성공적인 하루를 시작한 것입니다. 당신의 첫인상은 단순히 오늘의 이미지를 넘어 미래의 관계와 기회를 여는 열쇠가 됩니다.

Check Point 2. 말보다 먼저 도착하는 것은 향기다

비즈니스 미팅에서 상대방에게 좋은 인상을 남기기 위해 많은 이들이 복장, 헤어, 태도에 신경을 씁니다. 그러나 의외로 간과하는 것이 있습니다. 바로 '입냄새'입니다. 아무리 완벽한 프레젠테이션을 준비하고 세련된 복장을 갖췄다 해도 상대방이 당신의 말 대신 '불쾌한 냄새'를 먼저 느낀다면 모든 준비는 무의미해집니다. 냄새는 시각보다 더 본능적인 감각이며 한 번의 불쾌한 경험은 신뢰와 호감을 무너뜨릴 수 있습니다.

입냄새가 신뢰를 흔드는 순간

한 영업전문가의 실제 사례를 통해 그 심각성을 짚어보겠습니다. 그는 평소 고객 응대에 자신이 있었고 설득력 있는 화법으로 명성이 높았습니다. 하지만 어느 날 중요한 계약 직후, 고객이 그에게 "오늘은 이야기보다 향이 더 강하게 기억에 남는다."라는 농담을 건넸습니다. 순간 그는 자신이 방금 마신 라떼의 우유 냄새와 흡연 후 잔향이 뒤섞였다는 사실을 깨달았습니다. 그 후로 그는 어떤 미팅이든 입냄새 체크를 가장 먼저 하는 습관을 들였고 결과적으로 고객 응대 만족도가 현저히 향상되었습니다.

입냄새는 특히 가까운 거리에서 대화가 오가는 비즈니스 상황에서 치명적일 수 있습니다. 대부분의 미팅은 탁자 너머 1미터 남짓한 거리에서 진행되며 상대방은 당신의 말과 함께 미세한 호흡까지 느낍니다. 냄새는 눈에 보이지 않지만 인상에는 강하게 남습니다. 따라서 입냄새는 단순한 개인 위생의 문제가 아니라 신뢰와 이미지의 문제이기도 합니다.

문제는 본인이 그 사실을 잘 인지하지 못한다는 것입니다. 우리의 후각은 익숙한 냄새에 빠르게 적응하기 때문에 스스로는 전혀 냄새를 못 느끼지만 상대방은 불쾌함을 느낄 수 있습니다. 손으로 입을 막고 냄새를 맡는 것은 손 냄새와 섞여 정확하지 않으므로 종이컵이나 깨끗한 비닐봉지에 입김을 불고 잠시 후 냄새를 맡는 것이 가장 효과적입니다. 실제로 이 방법을 시도한 사람들 중에는 예상보다 강한 냄새에 놀라는 경우가 많습니다.

흡연자는 더욱 주의해야 합니다. 입뿐 아니라 머리카락, 옷, 손끝에 밴 담배 냄새가 상대방에게 전달될 수 있습니다. 특히 고객이 임신부나 아이를 키우는 부모라면 담배 냄새는 단번에 신뢰를 떨어뜨릴 수 있습니다. 미팅 2시간 전에는 흡연을 마무리하고, 반드시 구강청결제나 무향 껌을 사용하세요. 어떤 영업자에게 고객이 "설명은 좋았지만, 담배 냄새 때문에 다시 만나고 싶지 않았다."라고 말한 사례도 있습니다. 그 한마디가 계약의 성패를 갈랐던 것입니다.

입냄새 체크, 입냄새 유발음식

입냄새가 비즈니스에 미치는 영향

비즈니스 관계는 대부분 얕고 넓게 형성됩니다. 즉, 상대방이 당신의 성격이나 실력을 완전히 알기 전에 '보이는 모습'과 '느껴지는 인상'으로 판단한다는 뜻입니다. 이때 청결과 위생은 신뢰의 핵심 지표로 작용합니다. 깨끗한 복장과 단정한 말투는 기본이지만, 그보다 더 강렬한 비언어적 신호가 바로 청결한 호흡입니다. 심리학자들은 "후각은 인간의 감정과 기억을 직접적으로 자극한다."라고 말합니다. 냄새는 뇌의 감정 영역인 편도체와 연결되어 있기 때문에 냄새를 통해 느낀 감정은 오래 남습니다. 따라서 입냄새로 인한 부정적인 인상은 논리적 설득으로 쉽게 바뀌지 않습니다. 반

대로 상쾌한 향기는 '이 사람과 대화하고 싶다'라는 무의식
적인 호감을 만들어냅니다.

이러한 점에서 프로페셔널은 디테일에서 완성된다고 할
수 있습니다. 어느 유명 개그우먼은 방송 인터뷰에서 "상담
프로그램을 진행할 때는 껌을 살짝 씹어 입천장에 붙인다."
라고 밝혔습니다. 그녀는 "발음에는 문제가 없고, 상쾌한 향
이 대화를 쾌적하게 만들어준다."라고도 덧붙였습니다. 이
런 작은 습관이 바로 프로페셔널의 디테일입니다. 또한 어느
강사는 강의가 끝나자마자 허브 캔디를 입에 넣는다고 합니
다. 이유를 묻자 그는 "교육생이 질문하러 올 때 내 입에서
불쾌한 냄새가 나면 그 순간 수강생의 집중이 깨지니까요."
라고 답했습니다. 이런 세심한 관리가 결국 강의 만족도와
재초청율을 높였으며 작은 배려가 품격을 결정짓는 순간으
로 이어졌습니다.

입냄새 예방을 위한 실용 가이드

식후 30분 이내 양치하기: 음식물 찌꺼기가 남아 있으
면 세균이 빠르게 번식합니다.

충분한 수분 섭취: 입이 마르면 냄새를 유발하는 박테

리아 활동이 활발해집니다.

입냄새 유발 음식 피하기: 마늘, 양파, 유제품 등은 냄새를 오래 남깁니다. 식사 후엔 가볍게 행구거나 껌을 씹으세요.

무설탕 껌 씹기: 침 분비를 촉진해 구강 건조를 예방합니다.

정기적인 치과 검진: 충치, 잇몸 질환도 입냄새의 원인입니다. 6개월마다 점검을 권장합니다.

특히 미팅이 예정된 날 아침에는 커피 대신 녹차나 허브티를 권장합니다. 카페인은 구강을 건조하게 만들어 입냄새를 유발할 수 있습니다. 또한, 민트향 구강 스프레이나 캔디를 비즈니스 가방에 상비해 두는 것도 좋은 습관입니다.

깨끗함은 신뢰의 시작이다

한 연구에 따르면, 공간의 정리 정도가 개인의 자기 관리 능력과 행동에도 영향을 미친다고 합니다(Vohs, Redden, & Rahinel, 2013). 정돈된 공간에서 일하는 사람들은 더 건강한 선택을 하고, 세심한 결정을 내릴 확률이 높았습니다. 외모나 위생 관리 역시 마찬가지입니다. 깔끔하게 정리된 사람은 자신을 관리할 줄 아는 사람으로 인식됩니다. 한 보험 컨설턴트는 "강의가 없는 날에도 정장을 입고 출근한다."라고 말했습니다. 이유를 묻자 그는 "복장은 나의 태도를 정리해 준다."라고 답했습니다. 이런 습관이 결국 자기 존중과 고객 신뢰로 이어집니다. 깨끗한 구강 관리와 향기 관리 역시 그 연장선에 있습니다. 프로페셔널은 디테일을 무시하지 않습니다.

입냄새는 작지만 강력한 인상 요소입니다. 상대방의 기억 속에 당신의 말보다 당신의 냄새가 먼저 남지 않도록, 오늘부터 미팅 전 '입냄새 체크'를 일상의 루틴으로 만들어보세요. 그것이 진정한 신뢰의 기본이자 성공의 시작입니다.

Check Point 3. 언어보다 강력한 커뮤니케이션

시간은 단순히 시계를 따라 흘러가는 숫자가 아닙니다. 그것은 관계를 비추는 거울이자, 말보다 강력한 커뮤니케이션입니다. 사람은 말로 신뢰를 쌓는다고 생각하지만, 실제로는 '시간을 어떻게 쓰는가'로 자신의 진심을 증명합니다. 고객이나 직장동료, 사랑하는 사람까지 시간을 들여 그들을 위해 움직이는 순간 '당신은 내게 중요합니다'라는 메시지를 보냅니다. 이 작은 차이가 신뢰와 관계의 깊이를 결정합니다.

시간의 비언어적 메시지

한 연인의 이야기가 이를 잘 보여줍니다. 처음 만날 때 남성은 30km가 넘는 거리를 마다하지 않고 여성을 보러 갔습니다. 그 정성에 여자는 감동을 받았고, 그들의 관계는 빠르게 가까워졌습니다. 하지만 1년이 지나자 남성은 "이번에는 중간에서 만나자."라고 제안했습니다. 2년이 지나자, "내 집 근처로 와줄 수 있을까?"라고 말했습니다. 여전히 만남은 이어졌지만, 그 만남은 더 이상 이전처럼 설렘으로 가득하지 않았습니다. 몇 달 후 두 사람은 결국 헤어졌습니다.

이 이야기는 단순한 '거리'의 문제가 아닙니다. '시간과 노력'이라는 눈에 보이지 않는 투자가 줄어든 것이 문제의 본질입니다. 심리학에서도 '시간 투자'는 애정과 신뢰의 핵심 지표로 평가됩니다. 누군가에게 시간을 쓴다는 것은 곧 '당신은 내게 중요한 존재'라는 무언의 메시지를 전달하는 행위이기 때문입니다. 비즈니스 관계에서도 이 원리는 동일하게 작동합니다.

시간은 존중의 언어다

누군가가 습관적으로 약속에 늦는다면 어떤 기분이 드시나요? 처음에는 이해하려 해도, 반복되면 불쾌함이 쌓입니다. '나를 존중하지 않는 건가?'라는 생각이 자연스럽게 떠오르죠. 시간은 곧 상대방에 대한 존중의 척도입니다. 고객과의 미팅, 동료와의 약속, 혹은 사소한 회의일지라도 제시간에 도착하는 태도는 '당신을 소중히 여긴다'는 메시지를 전달합니다.

어느 금융 컨설턴트는 항상 고객 미팅 장소에 15분 먼저 도착합니다. 그 15분 동안 그는 주변 환경을 살피고 고객의 성향을 떠올리며 대화 전략을 점검합니다. 그는 이렇게 말했습니다. "그 15분은 단순한 대기 시간이 아니라 나 자신을 정돈하고 고객을 위한 준비의 시간이에요." 이 태도는 고객에게 자연스럽게 '준비된 사람', '신뢰할 만한 전문가'라는 인상을 남깁니다. 단 10분의 차이가 성과를 결정짓는 이유가바로 여기에 있습니다. 시간을 철저히 지키는 습관은 단순히 성실함을 넘어 자신을 관리하는 능력을 보여줍니다. 고객이 나를 위해 시간을 내듯 나도 고객의 시간을 존중하는 태도. 이것이 신뢰의 출발점입니다.

시간은 권위의 언어다

시간을 잘 다루는 사람은 곧 신뢰받는 사람입니다. 리더의 권위 역시 '시간 관리'에서 비롯됩니다. 회의가 매번 늦게 시작되고 일정이 지연되는 팀은 신뢰를 잃습니다. 반대로 시간을 철저히 관리하는 리더는 그 자체로 존경을 받습니다. 한 글로벌 기업의 영업 총괄 임원은 "리더의 시간 약속은 조직의 신뢰 수준을 결정한다."라고 말합니다. 그는 회의 시간에 1분이라도 늦으면 회의 참석자 전원에게 커피를 돌렸습니다. 그 철저함은 단순히 '규율'이 아니라 '신뢰'를 위한 문화였습니다. 실제로 그의 팀은 회사 내에서 '가장 신속하고 정확한 팀'으로 평가받았고, 고객 만족도 또한 최고 수준이었습니다. 시간은 스스로 권위를 만들어줍니다. 정시에 도착하는 습관은 '나는 내 일에 진지하다'라는 무언의 선언이며, 이러한 태도는 자연스럽게 리더십으로 확장됩니다.

시간은 사랑의 언어다

사랑이란 결국 '누구를 위해 시간을 쓰는가'의 문제입니다. 아내가 남편을 위해 식사를 준비하고 남편이 퇴근길에

아내가 좋아하는 커피를 사오는 것은 '당신을 위해 내 시간을 썼다'는 사랑의 표현입니다. 비즈니스에서도 마찬가지입니다. 고객과의 약속을 지키고 그들의 일정에 맞춰주는 행위는 강력한 신뢰의 메시지입니다. 반대로 습관적으로 약속을 바꾸거나 지각을 반복한다면 고객은 그 사람의 전문성과 성의까지 의심하게 됩니다. '시간을 지키지 않는 사람은 약속도 지키지 않는다'라는 인식은 많은 고객이 실제로 가지고 있는 기준이기도 합니다. 시간을 존중한다는 것은 곧 관계를 존중한다는 의미입니다. 상대방이 나를 위해 쓴 시간만큼, 나 역시 그 시간을 진심으로 존중해야 합니다. 그 순간 비즈니스 관계는 단순한 거래를 넘어 '신뢰 관계'로 발전합니다.

약속과 시간을 지키는 기술

비즈니스 현장에서 약속은 곧 '신뢰 계약'입니다. 상대방이 당신과의 만남을 위해 일정을 조정하고 준비했다면 그 시간을 지키는 것은 최소한의 프로페셔널리즘입니다. 만약 늦을 가능성이 있다면 반드시 사전에 연락해야 합니다. "회의가 예상보다 길어져 약속 시간을 맞추기 어려울 것 같습니다. 괜찮으시다면 30분 뒤로 조정해도 될까요?" 같은 말은 단순한 사과가 아니라 '당신의 시간을 존중합니다'라는 메시지로 전달됩니다. 또한 부득이하게 약속을 어겨야 할 때는

대체 일정을 제안하고 "제가 일정 조정에 미흡했던 점 사과
드립니다. 다음에는 이런 일이 없도록 하겠습니다."와 같은
사과를 전해야 합니다. 이런 태도는 잃어버린 신뢰를 다시
세우는 첫걸음입니다.

시간을 지키는 것은 단순한 예의가 아닙니다. 그것은 당
신의 브랜드이며 당신이 세상과 맺는 관계의 신뢰 통화입니
다. 시간을 잘 관리하고 지킬 줄 아는 사람은 결국 더 큰 기
회를 얻습니다. 시간은 언어보다 명확한 신호를 보냅니다.
말로는 아무리 "고객을 존중합니다!"라고 외쳐도 늦게 도착
하거나 약속을 미루는 순간 그 모든 말은 무의미해집니다.

Check Point 4. 신뢰를 전달하는 첫 번째 터치

회의실 문이 열리는 순간을 떠올려보세요. 조용히 열리는
문, 가볍게 바라보는 시선, 짧은 미소. 우리는 아직 아무 말도
하지 않았지만, 이미 관계는 시작됩니다. 그리고 그 시작의
중심에는 늘 하나의 동작이 있습니다. 바로 '악수'입니다.

비즈니스 현장에서 악수는 '신뢰를 촉각으로 전달하는 첫
번째 커뮤니케이션'입니다. 손이 맞닿는 짧은 순간, 상대는
많은 것을 느낍니다. 손의 온도, 압력의 강도, 다가오는 거리,
눈빛의 안정감 등을 통해 '이 사람은 준비되어 있구나.', '조
금 긴장한 것 같은데.' 와 같이 이미 평가는 이루어집니다.

악수의 심리학적 효과

이 지점에서 주목할 만한 심리학적 연구가 있습니다. 실제로 아이오와 대학교의 연구에 따르면 면접이나 비즈니스 미팅이 시작되기 전 이루어지는 '단단하고 적절한 악수(Firm Handshake)'는 상대에게 분명한 긍정적 신호를 전달합니다. 단단하되 과하지 않은 악수는 외향성과 자신감을 드러내며 적극적이고 준비된 비즈니스 파트너라는 인상을 줍니다.

또한 신체적 접촉은 단순한 예의 이상의 생리적 반응을 유도합니다. 손이 맞닿는 순간, 뇌에서는 옥시토신과 같은 신뢰 관련 호르몬이 분비되어 상대에 대한 경계심을 낮추게 만듭니다. 그래서 처음 만나는 자리에서도 심리적 거리가 조금 더 빠르게 좁혀질 수 있습니다.

흥미로운 점은 협상 상황에서도 악수가 영향을 미친다는 사실입니다. 협상 전에 악수를 나눈 팀이 그렇지 않은 팀보다 더 공정한 거래를 할 가능성이 높았다는 연구 결과도 있습니다. 악수라는 짧은 행동이 '나는 당신과 정정당당하게 대화할 준비가 되어 있다'는 무언의 공정성 신호로 작용하기 때문입니다.

사람은 생각보다 촉각에 민감합니다. 손은 긴장을 숨기지 못하고, 태도는 압력으로 드러납니다. 그래서 악수는 단순한 인사 동작이 아니라 태도의 집약이라고 할 수 있습니다. 손이 지나치게 차갑다면 긴장으로 느껴질 수 있고, 힘이 과하면 지배하려는 인상으로 읽힐 수 있으며, 힘이 너무 약하면 자신감이 부족해 보일 수 있습니다. 결국 악수는 형식적인 예의가 아니라 내가 얼마나 준비되어 있는지를 보여주는 순간입니다.

악수가 주는 첫인상은 손이 맞닿는 순간에만 결정되는 것이 아닙니다. '거리'에서부터 먼저 시작됩니다. 비즈니스 상황에서의 적절한 사회적 거리는 약 1.2~1.5미터입니다. 이 거리에서 잠시 멈추어 상대와 시선을 맞춘 뒤, 자연스럽게 한 걸음 다가가 손을 내미는 것이 가장 안정적인 방식입니다. 멀리서 손만 길게 뻗거나 걸어오면서 서두르듯 손을 내미는 행동은 준비되지 않은 인상을 줍니다. 악수는 움직임 속에서 대충 건네는 동작이 아니라 잠시 멈춘 상태에서 집중하여 건네는 제스처입니다. 그 짧은 정지의 순간이 오히려 신뢰를 만듭니다.

악수의 품격은 손의 압력만으로 완성되지 않습니다. 시선의 흐름이 함께 어우러질 때 비로소 관계의 균형이 만들어집니다. 가장 자연스러운 순서는 눈 → 손 → 눈입니다. 먼저 상대의 눈을 바라보며 인사를 건넵니다. 그 다음 손이 맞닿는 순간 잠시 시선을 손으로 옮깁니다. 그리고 악수가 마무리되는 순간 다시 상대의 눈을 바라봅니다. 이때의 마지막

눈맞춤이 관계의 톤을 결정합니다. 악수 후 바로 시선을 돌리면 형식적으로 느껴질 수 있고, 반대로 지나치게 오래 응시하면 부담을 줄 수 있습니다. 상대가 편안하게 미소 지을 수 있는 정도의 짧고 안정된 눈맞춤이 "나는 지금 당신에게 집중하고 있습니다."라는 메시지를 전달합니다.

비즈니스 악수와 리더십 이미지

악수는 말보다 빠르게 태도를 드러냅니다. 그래서 세계 정상들의 악수 장면은 종종 뉴스의 헤드라인이 되곤 합니다. 예를 들어, 전 미국 대통령 버락 오바마(Barack Obama)는 안정적이고 수평적인 악수로 자주 언급되었습니다. 그는 상대의 눈을 먼저 바라본 뒤 자연스럽게 손을 맞잡고, 과하지 않은 압력으로 2~3초간 유지한 후 미소와 함께 마무리하는 모습을 보여주었습니다. 이러한 악수는 '열려 있으면서도 안정적인 리더'라는 이미지를 강화했습니다. 그의 악수는 힘을 과시하기보다 관계를 존중하는 방식에 가까웠습니다.

반면, 미국 대통령 도널드 트럼프(Donald Trump)의 악수는 여러 차례 화제가 되었습니다. 특히 일본 총리였던 신조 아베(Shinzo Abe)와의 회담에서 길게 끌어당기듯 악수하는 장면은 전 세계 언론에 보도되었습니다. 강한 압력과 손을 당기는 동작은 '주도권을 쥐려는 제스처'로 해석되었고, 일부에서는 상대에게 부담을 줄 수 있는 방식이라는 평가도 나왔습니다. 물론 정치적 맥락이 존재하지만, 그 장면은 악수의 압력과 동작이 얼마나 강한 메시지를 전달하는지 보여주는 대표적인 사례입니다.

또한 전 독일 총리였던 앙겔라 메르켈(Angela Merkel)은 상대와 일정한 거리를 유지하며 비교적 간결하고 절제된 악수를 하는 것으로 알려져 있습니다. 과도한 신체 접촉을 지양하는 태도는 독일 문화 특유의 신중함과 맞닿아 있으며, 이는 '차분하고 신뢰할 수 있는 리더'라는 이미지를 형성하는 요소로 작용했습니다.

이 사례들이 말해주는 것은 단순합니다. 악수는 성격과 문화, 그리고 리더십 스타일을 상징적으로 드러내는 행동이라는 사실입니다. 우리는 국가 정상은 아니지만, 비즈니스 현장에서만큼은 각자의 '대표 얼굴'입니다. 손을 어떻게 내미는가에 따라 나의 전문성과 태도가 함께 전달됩니다.

피해야 할 악수 방법

손에 힘이 거의 없이 축 늘어진 악수는 자신감 부족이나 소극성으로 해석되기 쉽고, 반대로 상대의 손을 과도하게 꽉 쥐는 악수는 무의식적인 힘겨루기로 느껴질 수 있습니다. 또한 과하게 위아래로 흔드는 행동은 산만하고 과장된 인상을 줍니다.

악수는 단순한 퍼포먼스나 겉치레가 아니기 때문에 안정감을 생각해야 합니다. 중간 압력으로 2~3초 잡은 후에 자연스럽게 마무리하는 것이 가장 좋습니다. 손의 각도 역시 중요합니다. 손바닥이 아래로 기울면 지배적으로, 위로 기울면 복종적으로 보일 수 있기 때문에 가장 안정적인 각도는 수평입니다. 압력과 각도, 움직임의 작은 차이가 관계의 균형을 만듭니다. 여기에서 한 가지 더 기억해야 할 점이 있습니다. 요즘의 매너는 '존중'에서 출발한다는 사실입니다.

특히 코로나19 이후 사람들은 신체 접촉에 대해 이전보다 훨씬 더 민감해졌습니다. 예전에는 자연스럽게 이루어지던 악수도 이제는 상황과 상대의 의사를 먼저 고려하는 행동이 되었습니다. 따라서 모든 상황에서 반드시 악수를 해야 하는 것은 아닙니다. 상대가 손을 내밀기 전 잠시 기다리는 배려, 상황에 따라 가벼운 목례로 대신하는 선택 역시 충분히 세련된 태도입니다. 악수는 꼭 해야 하는 의무가 아니라 상대의 동의 속에서 이루어지는 신뢰의 교환이기 때문입니다.

미팅 전 미리 체크리스트를 살펴보고 미팅 후 점검하면서 다음 미팅을 준비하세요.

비즈니스 미팅 악수 체크리스트

- 나는 적절한 거리에서 멈춘 뒤 손을 내미는가?
- 손바닥 전체가 밀착되도록 안정적인 압력을 유지하는가?
- 손의 각도를 수평으로 유지하고 있는가?
- 눈 → 손 → 눈의 순서를 지키고 있는가?
- 악수 후 상대가 부담스럽지 않도록 자연스럽게 시선을 마무리하는가?
- 2~3초 내에 편안하게 마무리하는가?

이 기준이 몸에 익는 순간 당신의 악수는 더 이상 형식적인 인사가 아니라 의도와 방향을 가진 전략이 됩니다. 비즈니스는 결국 사람과 사람 사이에서 이루어지는 일이며, 그 관계의 온도는 손끝에서 시작됩니다. 다음 미팅에서 손을 내밀기 전, 잠시 스스로에게 물어보세요. '지금 나는 신뢰를 건넬 준비가 되어 있는가?' 그 질문에 자연스럽게 고개를 끄덕일 수 있다면 이미 당신은 관계의 절반을 단단하게 다져 놓은 것입니다.

Check Point 5. 공감은 생각보다 어렵지 않다

혹시 이런 경험 있으신가요? TV 앞에 앉아 아무 생각 없이 드라마를 보기 시작했는데 어느새 주먹을 꽉 쥐고 분노에 차 있거나, 휴지를 찾으며 눈물을 훔치고 있거나, 심지어 소파에서 뛰쳐나와 "저 나쁜 인간!"을 외치고 있는 나 자신을 발견하는 순간 말이죠. 예를 들면 이런 장면입니다. 한 아이가 놀이동산에서 엄마와 떨어집니다. "엄마아아!"를 외치며 울부짖던 아이는 세월이 흘러 어른이 되었고, 엄마를 애타게 찾습니다. 그런데…! 드디어 찾았을 때는 엄마가 이미 세상을 떠난 후였습니다. 이 장면을 보며 여러분의 눈가가 촉촉해지고 목이 메이지 않던가요? 한 번도 만난 적 없는 그 아이가 내 조카 같고, 그 엄마는 내 친엄마보다 더 애틋하게 느껴지는 기이한 현상.

또 다른 예를 들어볼까요? 드라마 속 주인공이 가장 친한 친구에게 배신당하고, 남편까지 뺏긴 후 복수를 다짐하는 장면을 떠올려 보세요. 주인공이 눈물을 흘릴 때 우리도 함께 분노하고, 복수의 순간에는 마치 우리가 직접 한 대 때린 것처럼 통쾌함을 느낍니다. 심지어 드라마가 끝난 후에도 악역 배우의 SNS를 찾아가 분노의 댓글을 남기려는 충동을 느끼기도 하죠. 이렇게 우리는 왜 드라마에 푹 빠지고, 그 감정이 내 것처럼 느껴질까요? 그 비밀은 바로 우리 뇌 속의 거울신경세포(Mirror Neuron) 때문입니다.

거울 신경세포는 1990년대 이탈리아 파르마대학의 신경생리학자 자코모 리졸라티(Giacomo Rizzolatti)와 그의 연구팀에 의해 처음 발견되었습니다. 이 신경세포는 우리가 다른 사람의 행동을 관찰할 때 마치 자신이 직접 행동하는 것처럼 뇌에서 동일한 반응을 일으킵니다. 예를 들어 누군가가 슬퍼하는 모습을 보면 우리 역시 감정적으로 동화되어 눈가가 촉촉해지는 것처럼 말이죠.

비즈니스에서도 이 원리를 활용하면 고객과의 공감을 효과적으로 이끌어낼 수 있습니다. 고객이 자신의 과거에 있었던 힘든 일을 이야기할 때, 우리는 자연스럽게 안타까운 표정을 짓고 감정적으로 반응합니다. 고객이 눈물을 흘릴 때 우리도 모르게 목소리가 떨리거나 눈물이 맺히는 경우도 있습니다. 이는 거울 신경세포의 작용으로 상대방의 감정을 그대로 반영하는 '미러링 효과(Mirroring Effect)'를 보여주는 사례입니다.

미러링 효과는 단순한 공감을 넘어 고객과의 신뢰를 형성하는 데 중요한 역할을 합니다. 특히 세일즈와 협상에서 더욱 큰 영향을 미칠 수 있습니다. 예를 들어 자녀의 미래를 걱정하는 부모, 경제적인 여유가 부족해 노후를 고민하는 고객, 불확실한 미래에 대한 불안감을 가진 고객 등 다양한 상황에서 그들의 감정을 이해하고 공감하는 태도를 보인다면 고객의 신뢰를 빠르게 얻을 수 있습니다.

공감하게 만드는 거울세포

미러링 효과를 활용한 공감 방법

그렇다면 고객과의 공감을 효과적으로 이끌어내기 위해 어떤 행동을 해야 할까요?

1) 고객의 표정과 말투를 따라하세요.

감정 표현 연구로 잘 알려진 심리학자 폴 에크먼의 연구에 따르면 사람은 상대가 무엇을 말하는지 보다 얼굴 표정과 목소리의 뉘앙스 같은 비언어적 신호를 통해 감정을 먼저 인식합니다. 특히 표정은 매우 짧은 순간에도 상대의 감정 상태를 전달하며 이러한 비언어적 정보는 공감과 신뢰 형성에 결정적인 역할을 합니다. 예를 들어 고객이 밝은 표정으로 이야기한다면 여러분도 미소를 짓고 경쾌한 톤으로 대화해보세요. 고객이 어두운 표정으로 힘든 이야기를 한다면 진지한 표정과 차분한 어조로 응답하는 것이 좋습니다. 만약 고객이 감정적으로 힘든 이야기를 하며 눈물을 흘린다면 그 순간의 분위기를 존중하며 조용히 위로하는 태도를 보이는 것이 효과적입니다.

이처럼 상대방의 감정을 이해하고 같은 감정을 공유하는 모습을 보일 때 고객은 여러분을 더욱 신뢰하고 가까운 사람처럼 느끼게 됩니다. 결국 '보여지는 모습은 내면의 모습'이라는 말처럼, 진심을 담은 공감이 고객과의 관계를 더욱 돈독하게 만듭니다.

2) 고객의 말을 반복하여 확인하세요.

가장 쉬우면서도 효과적인 공감 방법은 고객의 말을 복사(반복)하는 것입니다. 이는 고객이 자신의 이야기를 잘 듣고 있다고 느끼게 만드는 강력한 방법입니다. 예를 들어 고객이 "제일 걱정되는 것이 갑작스럽게 건강이 나빠지는 거예요."라고 말했을 때 "고객님께서 가장 걱정하시는 부분이 건강이 갑자기 나빠질까 하는 점이군요."라고 반복해주는 것입니다. 혹은 "걱정되는 게 갑작스러운 건강 악화라는 거죠?"와 같이 짧게 요약해서 확인하는 것도 효과적입니다. 이러한 반복 기술을 활용하면 고객은 자신이 존중받고 있으며 자신의 감정을 이해 받고 있다고 느낍니다. 단, 너무 과하게 사용하거나 인위적으로 느껴지면 오히려 반감을 살 수 있으므로 자연스럽게 구사하는 것이 중요합니다.

3) 즉각적인 반응보다는 한 템포 늦게 공감하세요.

공감을 표현할 때 즉각적인 반응이 오히려 역효과를 낼 수도 있습니다. 고객이 진지하게 이야기를 꺼냈는데 너무 빠르게 감정을 표현하면 가볍게 받아들이는 것처럼 보일 수 있기 때문입니다. 따라서 고객의 말을 신중하게 듣고, 잠시 생각한 후에 반응하는 것이 좋습니다. 예를 들어 고객이 어려운 이야기를 할 때, 바로 "아, 정말 힘드셨겠어요."라고 반응하는 것보다 잠시 침묵 후 "그 당시 정말 힘드셨겠어요. 그럼 어떻게 극복하셨나요?"라고 묻는 것이 더 자연스러운 공감을 이끌어낼 수 있습니다. 이처럼 고객이 어렵게 꺼낸 이야기에 대해 신중하게 반응하면 고객은 여러분이 자신의 감정을 진지하게 받아들이고 있다고 느끼게 됩니다.

공감은 관계의 시작

공감은 단순히 상대방의 말을 듣는 것이 아니라, 그들의 감정을 이해하고 함께 느끼는 것입니다. 거울 신경세포와 미러링 효과를 활용하면 공감 능력을 효과적으로 키울 수 있으며, 이는 고객과의 관계 형성에 강력한 도구가 됩니다. 고객과의 공감을 위해 표정과 말투를 맞추고, 고객의 말을 반복하여 확인하며, 신중한 태도로 반응하는 습관을 길러보세요. 이러한 작은 행동들이 고객의 신뢰를 얻고 장기적인 관계를 구축하는 데 큰 도움이 될 것입니다.

Check Point 6. 첫 만남, 스몰토크가 중요한 이유

첫인상은 단 한 번뿐입니다. 그리고 그 짧은 순간 안에 고객은 당신의 태도, 말투, 표정, 심지어 숨 쉬는 리듬까지도 관찰합니다. 하지만 많은 영업인들이 첫 만남의 긴장감 속에서 중요한 한 가지를 놓칩니다. 바로 스몰토크(Small Talk) 입니다. 스몰토크는 단순한 '잡담'이 아닙니다. 상대방의 경계심을 낮추고 대화의 문을 여는 '심리적 다리'이자 고객과 신뢰 관계를 맺는 첫 번째 단계입니다.

스몰토크는 '기술'이 아니라 '분위기'다

한 보험 컨설턴트의 실제 사례입니다. 그는 고객을 만나면 늘 상품 이야기부터 꺼내곤 했습니다. "오늘은 저희의 신상품 플랜을 소개해드리겠습니다." 하지만 고객의 표정은 금세 굳었습니다. 마치 준비된 발표를 듣는 듯한 딱딱한 분위기

속에서 대화는 길게 이어지지 않았죠. 이후 그는 접근 방식을 바꿨습니다. 고객을 만나자마자 이렇게 말했습니다. "오늘 날씨가 너무 좋네요. 요즘은 이런 날이 드물죠. 혹시 주말에 어디 다녀오셨어요?"그 한마디에 고객의 표정이 풀렸습니다. 그리고 자연스럽게 골프 이야기, 가족 이야기로 이어졌습니다. 그 후 영업 성과가 눈에 띄게 높아졌습니다. 그는 이렇게 말했습니다. "스몰토크는 고객의 마음 문을 여는 열쇠예요. 진짜 대화는 그 문이 열리고 나서야 시작되죠."

외부고객과 내부고객의 스몰토크

첫 만남의 3분, 신뢰가 결정된다

심리학자 말콤 글래드웰(Malcolm Gladwell)은 저서 『Blink』에서 "사람은 단 3초 만에 상대방을 판단한다."라고 했습니다. 이는 고객과의 첫 만남에도 그대로 적용됩니다. 고객은 당신이 하는 말보다 당신이 주는 느낌으로 당신을 평가합니다. 따라서 첫 3분은 '정보를 전달하는 시간'이 아니라 '분위기를 조율하는 시간'이어야 합니다. 예를 들어

"오늘 날씨가 참 좋죠."

"이 근처 커피 향이 참 좋네요. 혹시 자주 오세요?"

"이 건물 분위기가 정말 세련됐네요. 인테리어가 감각적이에요."

위와 같은 가벼운 말 한마디가 고객의 긴장을 풀고 자연스럽게 대화의 리듬을 만들어줍니다. 그 결과 고객은 '이 사람은 편안하다'는 인상을 받게 됩니다.

스몰토크 시작 단계 : 안전한 주제부터 꺼내라

날씨, 주변 환경, 혹은 현재 있는 장소에 대한 언급은 누구에게나 부담 없는 주제입니다. "요즘 아침저녁으로 쌀쌀하죠? 감기 안 걸리셨나요?", "이곳 분위기가 참 좋네요. 고객님이 추천하신 곳인가요?"이런 질문은 고객이 자연스럽게 대화에 참여하도록 돕습니다. 여기서 중요한 것은 부정적인 표현을 피하는 것입니다. "오늘은 날씨가 너무 덥네요.", "교통이 꽉 막혀서 짜증났어요."와 같은 말은 대화의 분위기를 낮춥니다. 항상 밝은 주제로 시작하세요. 스몰토크의 본질은 '기분 좋은 첫인상'이니까요.

스몰토크 중간 단계 : 관심사와 공통점을 찾아라

고객의 표정과 말 속에는 힌트가 있습니다. 사무실에 가족 사진이 있다면 가족 이야기로, 골프 트로피가 보인다면 운동 이야기로 자연스럽게 이어가면 됩니다. 예를 들어, "사진 속 아이가 너무 귀엽네요. 몇 살이에요?", "골프 좋아하시나 봐요. 요즘은 어디서 라운딩하세요?" 이 질문들은 단순한 관심이 아니라 '당신을 알고 싶다'는 메시지입니다. 인간은 자신에게 관심을 가져주는 사람에게 호감을 느낍니다. 이 효과를 심리학에서는 '자기 확증 욕구(Self-Verification)'라고 부릅니다.

스몰토크 고급 단계 : 고객의 감정에 반응하라

스몰토크의 최종 단계는 '감정의 교감'입니다. 예를 들어 고객이 밝은 목소리로 "요즘 일들이 잘 풀려서 기분이 좋아요."라고 한다면 "정말요? 그동안 노력하신 보람이 있으시겠네요!"라고 응답하세요. 반대로 고객이 "요즘 일이 많아 좀 힘드네요."라고 한다면 "요즘 다들 바쁘시죠. 고객님은 특히 맡은 일이 많으실 것 같아요."처럼 이해를 담은 반응을 보이는 것이 좋습니다. 이런 감정의 미세한 반응들이 신뢰를 만듭니다. 대화의 내용보다 느낌의 일치가 고객의 마음을 움직입니다.

스몰토크, 단순한 대화가 아니라 전략이다

하버드대 비즈니스 스쿨의 연구에 따르면 첫 미팅에서 5분간 스몰토크를 한 그룹은 그렇지 않은 그룹보다 협상 성공률이 2배 이상 높았다고 합니다. 그 이유는 단순합니다. 사람은 논리로 설득당하지 않습니다. 감정으로 연결될 때 논리가 들어올 자리가 생깁니다. 또한 세일즈포스(Salesforce)의 보고서에 따르면 고객은 자신이 이해받고 있다고 느낄 때 재계약 확률이 67% 증가한다고 합니다. 즉, 상품 설명보다 먼저 해야 할 일은 고객의 '마음 온도'를 맞추는 것이 중요합니다. 입니다.

스몰토크 실전 팁

상대의 말을 덮지 마세요. 고객이 이야기를 마치기 전에 말을 끊으면 공감의 흐름이 끊깁니다. 잠시 침묵하는 여유를 가지세요.

이름을 부르세요. "김 부장님, 그 말씀 정말 공감됩니다." 이름을 불러주는 행위만으로도 고객은 존중받는다고 느낍니다.

진심으로 웃으세요. 억지로 웃는 미소는 눈에서 티가 납니다. 마음을 여는 미소는 입이 아니라 눈에서 나옵니다.

스몰토크는 잡담이 아니라 고객의 마음 문을 여는 '준비된 대화'입니다. 짧은 한마디, 사소한 관심, 진심 어린 반응이 쌓여 고객은 당신을 '영업인'이 아닌 '신뢰할 만한 사람'으로 기억하게 됩니다. 앞으로는 고객과의 만남에서 날씨 이야기, 커피 향 이야기로 대화를 시작해보세요. 그 작은 대화의 물결이 고객의 마음속 신뢰의 파도를 만들어낼 것입니다.

Check Point 7. 시대가 변해도 전화는 필요하다

회사에서 흔하게 생기는 상황을 살펴보겠습니다.

D 씨는 영업팀에서 근무하는 직원으로, 최근 담당 제품에 대한 고객 문의가 급증하고 있었습니다. 하지만 D 씨는 전화 응대보다는 이메일이나 문자로 답변하는 것이 익숙했고 직접적인 통화가 부담스러웠습니다. 어느 날, 한 고객이 제품 불량 문제로 전화를 걸어 문의했습니다. 고객은 신속한 답변을 원했지만, D 씨는 "이메일로 답변을 드리겠습니다."라고 응대하며 전화 통화를 피했습니다. 이후 고객이 다시 전화를 했으나 D 씨는 바쁘다는 이유로 응답하지 않았습니다. 결국 고객은 불만을 제기하며 경쟁사로 이탈했습니다.

회사에서 전화 받는 모습

최근 몇 년간 직장 내 커뮤니케이션 방식은 급격한 변화를 겪고 있습니다. 디지털 환경이 일상화되면서 이메일, 문자, 메신저가 주요 소통 채널로 자리 잡았고 그 과정에서 전화를 통한 직접적인 대화는 점점 감소하고 있습니다. 특히 MZ세대를 중심으로 전화보다 문자나 메신저를 선호하는 '전화 기피 현상'이 뚜렷하게 나타나고 있습니다. 이들은 전화가 주는 즉각적인 응답의 압박감을 부담스럽게 느끼며 기록이 남고 스스로 생각을 정리한 뒤 전달할 수 있는 문자 기반 소통을 더욱 편안하게 여기고 있습니다.

이러한 경향은 실제 데이터에서도 확인할 수 있습니다. 한국인터넷진흥원(KISA)이 발표한 '직장 내 커뮤니케이션 변화 실태 보고서'에 따르면 직장인의 72%가 전화보다 문자나 이메일이 더 편리하다고 응답했습니다. 특히 20~30대 직장인 중 65%는 전화가 업무 흐름을 방해한다고 느낀다고 답했습니다. 또한 한국고용정보원의 'MZ세대 직장생활 연구보고서'에서는 MZ세대의 80%가 전화보다 문자나 이메일을 선호한다고 밝혔으며 그 이유로 '즉각적인 대응 부담을 줄이기 위해서'라고 답했습니다. 그만큼 전화는 업무 도구라기보다 압박을 주는 방식으로 인식되곤 합니다.

하지만 비즈니스 환경에서는 전화 커뮤니케이션이 여전히 중요한 역할을 담당합니다. 이메일이나 문자로 전달 가능한 정보가 많아졌지만, 긴급한 상황에서 즉각적인 대응이 필요할 때, 중요한 논의가 필요한 순간, 혹은 고객과의 신뢰를 쌓아야 하는 상황에서는 전화가 오히려 가장 효과적이고 빠른 소통 방식이 됩니다. 문제는 많은 사람들이 '전화가 불편하다'는 이유로 전화를 피하다가 고객과의 관계에서 오해나 갈등을 겪기도 한다는 점입니다.

실제로 최근 MZ세대의 '전화 포비아'가 업무에서 문제를 일으키는 사례도 늘어나고 있습니다. 앞서 이야기한 D 씨의 모습처럼 제조업체의 고객지원팀에서 근무하던 한 직원은 문자와 이메일 응대에는 능숙했지만, 전화 통화는 지나치게 부담스러워했습니다. 어느 날 제품 불량 문제를 겪은 고객이 급하게 전화를 걸어왔지만, 그는 "이메일로 자세한 내용을 보내드리겠습니다."라는 메시지로 전화를 대신했습니다. 이후 고객이 재차 전화를 했지만 그는 바쁘다는 이유로 응대하지 않았고 결국 불만을 품은 고객은 바로 경쟁사로 이탈했습니다. 단순히 '전화가 불편해서' 피한 행동이 고객 신뢰 상실로 이어진 대표적인 사례입니다.

이처럼 전화를 피하는 문화가 자리 잡았지만, 비즈니스 현장에서 전화는 단순한 커뮤니케이션 수단을 넘어 '신뢰를 직접 전달하는 방법'입니다. 목소리에는 텍스트로는 전달하기 어려운 정중함, 관심, 배려, 전문성 같은 미묘한 요소들이 담겨 있기 때문입니다. 따라서 전화를 잘 다루는 능력은 세일즈맨뿐 아니라 사무직, 기획자, 리더 누구에게나 필수적인 역량입니다. 그렇다면 어떻게 하면 부담을 줄이고 효과적으로 전화를 활용할 수 있을까요? 다음의 실전 전략을 통해 전화가 익숙하지 않은 사람들도 보다 편안하게, 그리고 전문적으로 전화 커뮤니케이션을 활용할 수 있습니다.

전화 전 문자로 먼저 연락하기

전화가 갑작스럽게 걸려오면 누구나 '준비되지 않은 압박'을 느낄 수 있습니다. 고객 입장에서도 마찬가지입니다. 통화 전 간단하게 "지금 통화 가능하실까요?"라는 메시지를 보내면 상대의 시간을 존중한다는 인상을 줄 수 있으며, 통화가 훨씬 매끄럽게 이어집니다.

밝고 차분한 목소리 유지하기

전화에서는 보이지 않는 만큼 목소리가 메시지의 절반을 결정합니다. 지나치게 무성의한 톤은 고객의 감정을 상하게 하고 급하거나 떨리는 목소리는 신뢰를 떨어뜨릴 수 있습니다. 차분하고 안정된 톤은 상대에게 '이 사람은 준비되어 있다'는 느낌을 줍니다.

전화를 걸기 전 잠시 심호흡하기

특히 전화가 두려운 사람들은 통화 버튼을 누르기 전 3초만 깊게 숨을 들이마셔 보세요. 짧은 숨 고르기만으로도 긴장감이 완화되고 통화의 첫 한마디가 훨씬 안정적으로 시작됩니다.

감정이 정리되지 않았다면 잠시 시간 두기

화가 나 있거나 감정적으로 흔들리는 순간에는 바로 전화를 받기보다 잠시 시간을 두고 응대하는 것이 좋습니다. 불안정한 감정이 목소리에 그대로 묻어나 상대에게 불필요한 오해를 줄 수 있기 때문입니다.

통화 후 핵심 내용을 문자나 이메일로 요약하기

업무의 정확성을 높이고, 고객의 신뢰를 확보하는 중요한 습관입니다. "오늘 통화드린 내용은 다음과 같습니다."라는 간단한 정리는 상대가 다시 확인할 수 있어 효율적입니다.

전화가 부담스럽다고 피하는 시대이지만, 비즈니스 현장에서는 여전히 전화가 고객 신뢰를 형성하고 관계를 단단하게 만드는 강력한 도구입니다. 단순한 '통화 기술'이 아니라, 상대를 존중하는 태도와 세심함이 담긴 하나의 전문 역량으로 바라볼 필요가 있습니다.

Check Point 8. 요즘 사람들의 매너 트렌드

최근 몇 년 동안 직장 내 매너와 커뮤니케이션 방식은 이전과 비교할 수 없을 만큼 빠르게 변화하고 있습니다. 특히 디지털 환경이 일상화되면서 사람들은 '서로 어떻게 대해야 하는가'에 대한 새로운 기준을 형성하고 있습니다. 예전에는 큰 소리로 누군가를 부르거나 업무 중 음식을 먹는 것이 그다지 문제가 되지 않았던 시절도 있었지만, 이제는 작은 행동 하나에도 민감하게 반응하는 시대가 되었습니다. 이러한 변화는 단순히 개인의 취향이 아니라, 세대적 경험과 업무환경의 변화, 그리고 '존중'에 대한 기준이 높아진 결과라고 볼 수 있습니다.

2025년 초 마케팅전략연구소에서 직장인 1,000명을 대상으로 실시한 '사무실 문화와 업무 효율성 조사' 자료는 이러한 흐름을 구체적으로 보여줍니다. 조사에 따르면 사무실 내 비매너 행동이 업무 효율성을 무려 15%나 저하시킨다고 밝혔습니다. 이는 비매너가 단순히 기분을 상하게 하는 수준을 넘어 조직 전체의 생산성과 연결된다는 의미입니다.

실제로 직장인들이 꼽은 불쾌한 비매너 1위는 '큰 소리 통화(35%)'였습니다. 개방형 사무실이 일반화된 환경에서 큰 목소리는 공간 전체에 울려 퍼지며 다른 직원들의 몰입을 방해하고 업무 흐름을 끊어 놓습니다. 예를 들어 조용히 분석 작업을 하던 직원이 갑작스러운 고성 통화 소리에 집중력을 잃는 상황은 누구에게나 쉽게 떠올릴 수 있는 장면입니다.

두 번째로 불편함을 느끼는 항목은 '강한 향수 사용(28%)'이었습니다. 향은 개인적 취향의 영역이라 스스로는 좋은 향이라고 느끼지만, 같은 공간에서 일하는 타인에게는 두통을 유발하거나 불쾌감을 줄 수 있습니다. 특히 환기가 잘 안 되는 사무실이라면 이러한 문제는 더욱 심각해질 수 있습니다.

세 번째는 '동료 모니터 훔쳐보기(22%)'였습니다. 이는 단순한 호기심이 아니라 명백한 사생활 침해에 가까운 행동입니다. 직원들은 '내 화면을 누군가 뒤에서 보고 있다'는 생각만으로도 불쾌감과 불안감을 느끼며 이는 업무 집중에 큰 영향을 미칩니다.

마지막으로 출근근무와 재택근무가 공존하는 하이브리드 근무 환경이 확대되면서 '화상회의 중 비매너 행동(18%)'이 새로운 문제로 떠올랐습니다. 카메라를 켜지 않은 채 참여하거나 회의 중 음식을 먹고 음료를 마시는 행동, 가족의 소리나 TV 소리가 그대로 송출되는 상황 등은 오프라인 회의에서는 쉽게 볼 수 없던 문제들입니다. 이는 '집'이라는 사적인 공간과 '업무'라는 공적 공간의 경계가 흐려지면서 나타난 현대적 비매너의 대표적인 사례로 꼽히고 있습니다.

이러한 데이터는 현대 직장 문화가 '개인의 편안함'과 '타인의 존중' 사이의 균형을 요구하는 방향으로 진화하고 있음을 보여줍니다. 기업들은 점점 더 직장 내 에티켓 교육을 강조하고 있으며 온·오프라인 모두를 포함하는 새로운 매너 가이드라인을 도입하고 있습니다. 결국 매너는 단순히 예절의 문제가 아니라, 조직 전체의 성과와 직결된 핵심 요소가 되고 있습니다.

고객을 만날 때 어떤 부분이 가장 어려울까?

디지털 환경이 익숙한 시대일수록 사람들은 직접적인 만남에 부담을 느끼는 경우가 많습니다. 특히 MZ세대를 중심으로 고객 미팅 자체가 어려운 과제로 여겨지는 경우가 늘고 있습니다. Forthright Advising의 '2025년 고객 미팅 효율성 조사'에 따르면 고객 미팅에서 발생하는 대표적인 어려움은 크게 네 가지였습니다.

첫 번째는 '의사소통 문제(42%)'입니다. 이는 단순히 말을 잘하거나 못하는 문제가 아니라 고객의 니즈를 제대로 이해하지 못하거나 표현 방식의 차이로 인해 오해가 발생하는 상황을 의미합니다. 예를 들어 고객이 원하는 바가 모호한데도 확인 질문을 하지 않고 일방적으로 설명만 늘어놓는 경우, 미팅은 엇나가고 신뢰도 함께 무너질 수 있습니다.

두 번째는 '시간 관리 문제(31%)'입니다. 고객 미팅 일정이 촘촘히 이어져 있거나 준비 시간이 충분하지 않을 때 고객에게 집중하기 어려워지고 이는 서비스 품질 저하로 이어질 수 있습니다. 또한 고객 일정까지 고려해 미팅 시간을 조율해야 하는 부담도 포함됩니다.

세 번째는 '기술적 문제(18%)'입니다. 재택근무와 원격 미팅이 많아진 만큼 화상회의 도중 화면 공유가 끊기거나 음성이 튀는 현상은 흔해졌습니다. 이러한 기술적 문제는 고객에게 '준비가 부족하다'는 인상을 주기 때문에 미팅 결과에 치명적인 영향을 줄 수 있습니다.

마지막 네 번째는 '준비 부족(9%)'입니다. 이는 비율은 낮지만, 실제로 미팅 성패에 강력한 영향을 미치는 요소입니다. 고객의 최근 이슈나 요구사항을 충분히 파악하지 않은 상태에서 만나면 미팅은 자연스럽게 깊이를 잃게 되고, 이는 신뢰 하락으로 연결됩니다.

조사에 따르면 흥미로운 점은 전체 응답자의 65%가 AI 기반 고객 분석 도구가 의사소통 문제 해결에 도움이 될 것이라고 답했다는 것입니다. 즉, 기술은 새로운 문제를 만들기도 하지만 동시에 새로운 해결책이 될 수도 있습니다. 또한 76%는 화상회의 플랫폼의 안정성 개선이 시급하다고 답한 것을 보면 기술 인프라가 이제는 고객 미팅의 핵심 요인으로 자리 잡았음을 보여줍니다.

이처럼 현대의 고객 미팅은 단순히 면대면 만남의 문제가 아니라, 디지털 환경 관리 능력, 시간 관리, 의사소통 역량까지 포함된 종합적인 프로페셔널리즘을 요구합니다. 요즘 직장인들에게 고객과의 만남이 어려운 이유는 단순한 '능력 부족'이 아니라 빠르게 변화하는 환경에 적응해야 하는 부담과 연결되어 있습니다.

3부 고객에게

신뢰감을 주는

남녀 복장 매너

1장 비즈니스 복장이
꼭 필요한 이유

/

\

　누구나 시간이 지나며 자연스럽게 깨닫게 되는 것이 있습니다. 바로 '옷 입는 것도 결국 학습의 과정'이라는 사실입니다. 오늘 쇼핑해서 산 옷을 입어보면, 옷이 나와 맞지 않을 때 '아, 이런 스타일은 나와 안 맞는구나'라는 작은 깨달음을 얻게 됩니다. 반대로 잘 어울리는 옷을 입었을 때는 '앞으로 이런 느낌의 스타일을 더 입어봐야겠다'는 자신만의 기준이 생기죠. 이렇듯 우리는 매일의 경험을 통해 서서히 자신에게 맞는 스타일을 찾아가게 되고, 그것이 바로 '이미지를 학습하는 과정'입니다.

　비즈니스 복장, 특히 슈트를 입을 때도 동일합니다. 많은 사람이 자신의 복장 상태가 '잘못되어 있다'는 사실조차 모른 채 일합니다. 그러다 회의 자리에서 누군가의 완벽한 슈트 핏을 보고 문득 "내가 입은 옷은 왜 이렇게 흐릿해 보이지?"라는 의문을 갖게 됩니다. 혹은 평소 믿고 따르는 선배가 조심스럽게 "어깨 라인이 조금 큰 것 같아."라고 말해주면 그제야 자신의 복장을 객관적으로 바라보게 되죠. 이처럼 비즈니스 복장을 잘 갖춘다는 것은 단순히 옷을 고르는 문제가 아니라, 자신을 어떻게 표현할 것인가를 배우는 일입니다.

하지만 문제는 이 학습 과정이 결코 단기간에 끝나지 않는다는 것입니다. 단정하고 신뢰감을 주는 슈트가 무엇인지 알기까지는 시간이 걸리고 시행착오가 반복됩니다. 어떤 옷은 어깨가 유난히 떠 있고, 어떤 셔츠는 목이 답답하게 조여 오고, 어떤 바지는 내 체형과 도무지 조화를 이루지 못합니다. 3장에서는 복장을 고르는 기준부터 산업별 복장 규칙, 실전에서 바로 적용할 수 있는 체크포인트까지 살펴보겠습니다.

첫인상을 결정하는 옷

앞서 이야기한 것처럼 사람들은 상대를 만난 뒤 불과 1~2초 안에 첫인상을 형성합니다. 이 짧은 순간에 상대의 말솜씨나 역량은 아직 드러나지 않습니다. 대신 옷차림과 전체적인 외적 이미지가 그 사람의 전문성과 신뢰도를 판단하는 핵심 기준이 됩니다.

고객은 무의식적으로 각 직업에 어울리는 '이미지의 틀'을 가지고 있습니다. 항공 승무원을 떠올리면 단정하고 정제된 모습이, 금융 전문가를 떠올리면 안정감 있는 슈트와 신뢰를 주는 태도가 자연스럽게 연상됩니다. 이러한 직업 이미지에 대한 기대치는 매우 강력해서 그 기대에 부합할 때 고객은 설명 없이도 안심하고 마음을 엽니다. 반대로 기대에서 벗어난 이미지는 아무리 뛰어난 실력을 갖추고 있더라도 신뢰 형성을 어렵게 만듭니다.

옷은 단순한 외적 요소가 아니라 말보다 먼저 전달되는 메시지입니다. 잘 정돈된 슈트와 깔끔한 구두는 "나는 내 일에 준비되어 있고, 당신과의 만남을 소중히 여깁니다."라는 무언의 신호를 보냅니다. 반면 구겨진 셔츠, 닳은 구두, 불룩한 주머니는 말 한마디 없어도 '준비되지 않은 사람'이라는 인상을 남길 수 있습니다. 옷차림은 단지 꾸밈의 문제가 아니라 신뢰를 향한 가장 현실적이고 전략적인 준비라는 점을 기억해야 합니다.

나의 비즈니스 복장 체크리스트

1	자신의 블레이저는 엉덩이 어디까지 내려오나요?	
2	자신의 블레이저는 엉덩이 어디까지 내려오나요? (1/3, 1/2, 2/3)	
3	자신의 라펠은 신체 비율과 어울리나요? (O, X)	
4	검은색 정장도 비즈니스 슈트 속한다고 생각하나요? (O, X)	
5	블레이저 단추는 몇 개가 있나요?	
6	자신의 셔츠의 칼라는 어떤 모양인가요?	
7	자신의 셔츠의 칼라는 자신의 피부톤과 어울리나요? (O, X)	
8	셔츠를 입을 때 캐주얼 셔츠와 드레스 셔츠를 분리해서 입나요? (O, X)	
9	움직일 때 셔츠가 바지에서 자주 빠지나요? (O, X)	
10	여름에 셔츠를 입으면 덥나요? (O, X)	
11	신이 입는 바지는 하체와 핏이 잘 맞나요? (O, X)	
12	바지의 밑단은 어디까지 내려오나요?	
13	바지의 밑단 위는 편한가요? (O, X)	
14	벨트는 어디의 컬러와 맞춰 매나요?	
15	구두는 캐주얼 슈즈와 정장 슈즈를 나눠 신고 있나요? (O, X)	
16	자신의 가지고 있는 구두의 색은 어떤 색이 있나요?	
17	끈이 있는 구두를 신고 있나요? (O, X)	
18	구두는 깨끗하게 관리하고 있나요? (O, X)	
19	어떤 컬러의 넥타이를 가지고 있나요?	
20	겨울코트를 고르는 기준은 무엇인가요?	

1. 슈트를 완벽하게 입는 4가지 방법

슈트는 단순히 멋을 내기 위해 입는 옷이 아닙니다. 사람들이 길게는 300년에 가까운 시간 동안 꾸준히 입은 몇 안 되는 복식입니다. 시대가 변해도 정치인, 금융인, 전문가들이 중요한 자리에서 슈트를 선택하는 이유는 명확합니다. 슈트는 상대방에게 안정, 신뢰, 전문성이라는 메시지를 즉각적으로 전달하는 시각적 언어이기 때문입니다.

같은 실력을 가진 두 영업인이 같은 조건에서 고객을 만난다고 가정해 봅시다. 한 명은 핏이 맞지 않는 셔츠와 구겨진 재킷을 입었고 다른 한 명은 단정한 네이비 슈트에 깔끔한 셔츠를 갖춰 입었습니다. 고객이 누구에게 먼저 신뢰를 보낼까요? 고객은 '겉모습'이라는 가장 빠르고 선명한 신호를 통해 여러분의 태도와 전문성을 판단합니다.

슈트가 중요한 이유는 또 하나 있습니다. 바로 '나 자신에게 주는 메시지'입니다. 깔끔한 슈트를 갖춰 입는 순간 몸의 긴장도와 태도가 바뀌고 자연스러운 자신감이 생겨납니다. 이를 '엔클로스드 코그니션(Enclothed Cognition)'이라 하는데, 옷이 우리의 사고방식과 행동에 직접적인 영향을 미친다는 심리학 개념입니다. 즉, 슈트는 남에게 보여주기 위한 장치이면서 동시에 나를 정돈하는 도구입니다. 하지만 슈트를 입는다고 모두 같은 효과가 나타나는 것은 아닙니다. 잘못 입은 슈트는 오히려 역효과를 내며 고객에게 '준비 부족', '센스 부족'이라는 인상을 줄 수 있습니다. 그렇다면 슈트를 제대로 입기 위해 어떤 원칙을 지켜야 할까요?

핏과 색상의 선택

슈트의 생명인 핏은 슈트의 80%를 결정합니다. 어깨선이 내 어깨보다 지나치게 넓거나 좁으면 그 즉시 어색한 인상을 줍니다. 소매는 셔츠가 1cm 정도 드러나는 것이 가장 정돈된 모습이며 바지 길이는 신발 윗부분에 자연스럽게 닿는 원브레이크가 가장 단정합니다. 핏이 맞는 슈트는 전체적인 실루엣을 정돈해 '준비된 사람'이라는 인상을 줍니다. 그래서 가장 클래식한 레귤러핏 정장을 추천합니다.

슬림핏 정장, 레귤러핏 정장, 와이드핏 정장

비즈니스 환경에서 가장 안전하고 신뢰감을 주는 색상은 네이비와 차콜 그레이입니다. 네이비는 친근하면서도 단정한 분위기를 주며 차콜 그레이는 무게감과 전문성을 전달합니다. 초보자일수록 과한 체크나 강한 패턴보다 기본 색상을 선택하는 것이 신뢰 형성에 유리합니다.

네이비 정장, 그레이 정장, 브라운 정장

패턴과 셔츠의 선택

단정함과 안정감 있는 패턴은 선택에 따라 분위기를 크게 바꿀 수 있습니다. 무지 또는 얇은 스트라이프는 깔끔하고 안정적인 이미지를 만들지만, 과한 체크나 대담한 패턴은 비즈니스 현장에서 산만함을 줄 수 있습니다. 중요한 미팅일수록 패턴을 줄이고 메시지가 옷보다 먼저 전달되도록 해야 합니다.

정장의 줄무늬 패턴, 정장의 체크 패턴

　셔츠는 화이트 또는 연한 블루가 가장 안정적이며 어떤 슈트와도 잘 어울립니다. 넥타이는 셔츠보다 한 톤 진하거나 슈트와 대비되는 컬러를 선택하면 시각적으로 안정감을 줍니다. 넥타이 길이는 허리벨트 중앙에 닿을 정도가 가장 이상적인 기준입니다. 한 가지 셔츠 디자인을 더 추천하자면 줄무늬 셔츠입니다. 땀을 많이 흘리는 체질인 사람은 정장을 입을 경우 셔츠 겨드랑이 부분에 땀 자국이 남는 경우가 종종 있습니다. 이때 땀의 흔적이 비교적 덜 도드라져 보이는 디자인이 바로 줄무늬 셔츠입니다.

　줄무늬 셔츠를 착용할 때 가장 좋은 조합은 정장의 색상과 셔츠 줄무늬 색을 맞춰주는 것입니다. 예를 들어 네이비 정장에는 네이비 계열의 줄무늬 셔츠를, 그레이 정장에는 그레이 계열의 줄무늬 셔츠를 선택해 색감을 통일해 주는 것이 좋습니다. 여기에 무늬가 없는 솔리드 넥타이를 매치하면 전체적으로 훨씬 단정하고 격식 있는 인상을 연출할 수 있습니다.

흰색 셔츠, 하늘색 셔츠, 줄무늬 셔츠

슈트는 나를 감추는 옷이 아니라 '나를 가장 정제된 상태로 보여주는 방식'입니다. 잘 갖춰 입은 슈트는 여러분의 태도, 신뢰도, 협상력까지 함께 끌어올립니다.

2. 품격을 높이는 복장매너 체크포인트

Check Point 1. 블레이저로 이미지를 바꾸는 방법

블레이저는 현대 비즈니스 패션에서 가장 범용적이면서도 가장 오해하는 아이템입니다. 많은 사람들이 블레이저와 자켓을 동일한 개념으로 생각하지만, 분명한 차이가 있습니다. 자켓은 소매가 달린 모든 상의를 포괄하는 개념인 반면, 블레이저는 더 좁은 개념으로 '테일러드 슈트의 상의'를 의

미합니다. 즉, 블레이저는 구조적 설계와 격식, 실루엣을 중요하게 다루는 옷으로 비즈니스 현장에서 신뢰와 태도를 전달하는 핵심 요소입니다.

블레이저는 청바지만큼 손이 자주 가는 아이템이지만, 제대로 선택했을 때와 무심코 걸쳤을 때의 차이는 예상보다 큽니다. 현대 비즈니스 환경에서는 옷차림이 곧 '준비된 사람'이라는 메시지를 전달하기 때문에 블레이저는 단순한 겉옷이 아니라 전문성과 신뢰도를 눈에 보이게 표현하는 장치로 작용합니다. 핵심 요소들을 이해해두면 기성복을 고를 때도 기준이 생기고 맞춤 제작 시에도 원하는 실루엣과 핏을 정확하게 요구할 수 있어 어떤 상황에서도 흔들리지 않는 프로페셔널 이미지를 완성할 수 있습니다.

블레이저의 길이, 전체 비율을 결정짓는 핵심 공식

블레이저의 길이는 착용자의 실루엣을 판단하는 첫 번째 기준입니다. 블레이저 총장 공식은 매우 간단합니다. 가장 이상적인 총장은 '신장의 절반'을 기준으로 계산하면 됩니다. 예를 들어 신장 180cm의 사람이라면 약 90cm 정도가 적절한 총장으로 볼 수 있습니다. 그러나 단순히 수치만 맞추는 것이 전부는 아닙니다. 실제로는 체형의 비율을 함께 고려해야 자연스럽고 균형 잡힌 실루엣이 완성됩니다.

허리가 긴 사람은 총장을 조금 더 길게 조정하면 상체와 하체의 비율이 안정적으로 보이며 블레이저 특유의 클래식한 분위기를 강조할 수 있습니다. 반대로 상체가 짧은 사람은 총장을 약간 줄여 다리가 과도하게 길어 보이거나 상체가 눌려 보이는 문제를 방지할 수 있습니다. 이렇게 총장은 신체의 장점을 살리고 단점을 보완하는 데 매우 실질적인 역할을 합니다. 총장이 길어지면 자연스럽게 격식 있고 무게감 있는 이미지가 형성되며 짧아질수록 경쾌하고 캐주얼한 느낌이 강해집니다. 따라서 업무용 블레이저를 선택할 때는 총장이 지나치게 짧은 디자인보다는 클래식 기장에 가까운 길이를 선택하는 것이 안전하며 전문성과 안정감을 동시에 전달할 수 있습니다.

어깨 길이와 패드, '핏'의 시작점

블레이저에서 가장 중요한 부분은 단연 '어깨'입니다. 어깨선이 정확히 맞아야 전체 실루엣이 흐트러지지 않고 단정하면서도 세련된 인상을 줄 수 있습니다. 옷의 모든 균형은 어깨에서 시작된다고 해도 과언이 아닙니다. 어깨선이 단 1cm만 어긋나도 전체 비율이 무너져 보일 수 있고 옷이 내 몸을 돋보이게 하기보다는 오히려 나를 불편하게 감싸는 느낌을 줍니다. 이때 기억해야 할 기준은 다음과 같습니다.

내 어깨 끝 + 0.5cm 이내

이 범위를 넘어서면 '내가 옷을 입은 상태'가 아니라 '옷이 나를 덮어버리는 상태'가 됩니다. 어깨가 너무 넓으면 상체가 부해 보이고, 반대로 너무 좁으면 갑갑한 느낌을 주며 동작 시 불편감이 커집니다.

어깨가 좁아 상대적으로 얼굴이 커 보이는 사람

어깨 패드가 얇게 들어간 블레이저를 선택하면 상체 비율이 단정하게 잡히고 얼굴 크기까지 시각적으로 조정됩니다.

어깨가 처진 체형

구조적인 어깨선을 가진 블레이저, 즉 어깨 라인이 단단하게 잡혀 있는 제품이 필수적입니다. 처진 어깨가 곧게 펴져 보이면서 전체 인상이 훨씬 깔끔해집니다.

특히 기성복을 고를 때는 '감'으로만 선택하지 말고 자주 입는 블레이저의 어깨 폭, 팔 길이, 총장, 가슴둘레를 실제로 측정해 기록해 두는 것이 좋습니다. 이 수치를 기준으로 삼으면 온라인 쇼핑에서도 실수를 최소화할 수 있고 브랜드마다 사이즈가 다를 때도 내 몸에 맞는 정확한 블레이저를 신택할 수 있습니다.

어깨가 너무 넓은 핏, 완벽한 핏, 어깨가 좁은 핏

라펠(Lapel)의 형태와 넓이, 첫인상을 결정하는 V존

라펠은 블레이저의 인상을 좌우하는 구조적 요소입니다. 상대에게 가장 먼저 보이는 부분이자 얼굴형과 전체 비율을 결정하는 핵심입니다.

라펠의 종류

라펠은 블레이저의 인상을 결정하는 가장 눈에 띄는 요소입니다. 같은 색, 같은 원단의 블레이저라도 라펠의 형태에 따라 분위기가 완전히 달라집니다.

노치드 라펠 (Notched Lapel)

가장 기본이 되는 라펠로, 라펠과 칼라 사이에 'V'자 형태의 홈(노치)이 있는 디자인입니다. 비즈니스 슈트의 90% 이상에 사용될 만큼 가장 보편적이며 단정하고 안정된 인상을 줍니다. 면접, 고객 미팅, 사내 회의 등 대부분의 업무 상황에서 무리 없이 소화할 수 있는 형태로, 처음 블레이저를 고를 때 가장 먼저 고려해야 할 라펠입니다.

노치드 라펠(Notched Lapel)

피크드 라펠 (Peaked Lapel)

끝 부분이 위로 뾰족하게 올라간 형태의 라펠로, 시선이 자연스럽게 얼굴과 상체 쪽으로 모이게 합니다. 더블 자켓이나 격식 있는 슈트, 시상식용 턱시도 등에 주로 사용되며 멋스럽고, 보다 강렬한 인상을 줍니다. 발표자의 포지션이 강한 자리, 공식 석상, 상징성이 큰 행사 등에서 자신을 또렷하게 부각시키거나 사람들에게 자신을 각인시키고 싶을 때 선택하면 좋습니다.

피크드 라펠(Peaked Lapel)

두 라펠 모두 '정답'과 '오답'이 있는 것은 아니지만, 일상의 비즈니스 환경에서는 노치드 라펠을 기본으로 하고, 나를 강하게 드러내야 하는 공식 석상에서는 피크드 라펠을 전략적으로 활용한다고 이해하면 선택이 한층 쉬워집니다.

라펠 폭 선택 기준

라펠 폭은 얼굴과 상체의 비율에 직접적인 영향을 미칩니다. 즉, 라펠 폭을 어떻게 선택하느냐에 따라 얼굴이 더 커 보이기도, 더 작아 보이기도 합니다.

얼굴이 크거나 넓은 편

라펠 폭이 너무 좁으면 얼굴이 상대적으로 더 부각되어 보입니다. 따라서 조금 더 넓은 폭의 라펠을 선택하면 상체

쪽으로 시선이 분산되면서 얼굴이 상대적으로 작아 보이는 효과를 기대할 수 있습니다. 특히 피크드 라펠의 넓은 폭은 상체의 볼륨을 안정적으로 잡아주어 전체적으로 균형 잡힌 인상을 줍니다.

얼굴이 작은 편

반대로 얼굴이 작은 사람에게 지나치게 넓은 라펠은 상체의 디테일이 과하게 강조되어 오히려 비율이 어색해 보일 수 있습니다. 따라서 적당히 좁은 노치드 라펠을 선택해 라인이 얼굴과 자연스럽게 이어지도록 맞추는 것이 좋습니다. 이렇게 하면 상체와 얼굴 사이의 비례가 조화롭게 느껴집니다.

좁은 라펠, 보통 라펠, 넓은 라펠

라펠 폭을 고르는 가장 쉬운 기준은 거울 앞에서 상반신만 보았을 때 시선이 한 곳에만 몰리지 않고 자연스럽게 얼굴과 상체 전체를 오가느냐를 확인하는 것입니다. 라펠이 너무 눈에 띄면 옷이 사람보다 먼저 보이고, 너무 빈약하면 슈트의 구조감이 떨어져 보입니다. '옷보다 내가 먼저 보이는가?'를 스스로에게 질문해보면, 라펠 폭 선택에 큰 도움이 됩니다. 라펠의 넓이는 단순한 디자인 요소가 아니라, 얼굴형 보정과 전문가 이미지를 결정하는 핵심 장치입니다.

블레이저의 버튼

버튼 개수에 따라 블레이저의 분위기가 완전히 달라지기 때문에 상황에 맞는 버튼 개수를 선택해야 합니다.

원 버튼 블레이저

원 버튼 블레이저는 단추가 하나만 있는 형태로, 실루엣이 심플하게 떨어져 활동적인 자리나 캐주얼한 모임에서 자연스러운 분위기를 만들어줍니다. 단추가 한 개이기 때문에 허리 라인이 강조되며 상대방에게 가벼운 인상을 줄 수 있어 격식이 강하지 않은 자리에서 특히 활용도가 높습니다. 회식 후 가벼운 미팅, 캐주얼한 네트워킹 모임, 세미 비즈니스 환경에서 무겁지 않으면서도 센스 있는 이미지를 연출할 수 있습니다.

투 버튼 블레이저 (비즈니스의 기본)

투 버튼 블레이저는 전체적인 비율이 가장 안정적이며 다양한 체형에 무난하게 어울립니다. 특히 허리를 자연스럽게 잡아주는 구조 덕분에 한국인의 체형을 가장 효율적으로 보완해 줍니다. 상체와 하체의 비율을 자연스럽게 정리해 주기 때문에 복부나 허리 라인이 고민인 사람도 깔끔하게 연출할 수 있습니다.

또한 투 버튼 블레이저는 비즈니스 환경에서 가장 많이 선택되는 형태로 고객을 만나는 자리나 사내 회의, 공식적인 프레젠테이션 등 다양한 상황에서 전문성과 신뢰감을 전달할 수 있습니다. 처음 정장을 준비하는 사람이라면 투 버튼 블레이저를 기본으로 선택하는 것이 좋습니다.

쓰리 버튼 블레이저

쓰리 버튼 블레이저는 버튼 위치가 상대적으로 높아 목 부분이 조금 더 닫힌 실루엣을 만들며 아메리칸 클래식 스타일이 특징입니다. 상체를 덮는 면적이 넓어져 안정적인 인상을 주고 여유 있는 오버핏 느낌을 연출할 수 있어 편안함을 중시하는 사람들에게 적합합니다. 특히 체형이 크거나 어깨가 넓은 사람에게 잘 어울리며 캐주얼과 포멀 사이를 자연스럽게 오가는 스타일링을 할 때 효과적입니다. 다만 공식적인 비즈니스 자리에서는 투 버튼보다 다소 캐주얼하게 보일 수 있으므로 조직 문화와 업종 특성을 고려해 선택하는 것이 좋습니다.

원 버튼 블레이저, 투 버튼 블레이저, 쓰리 버튼 블레이저

싱글 vs 더블 블레이저

더블 블레이저

더블 블레이저는 피크드 라펠과 여러 개의 버튼이 배치된 구조적 디자인으로, 입는 순간 상체 실루엣을 단단하게 잡아주며 존재감을 선명하게 드러내는 특징이 있습니다. 라펠 끝이 위로 날카롭게 올라가 시선이 자연스럽게 상체로 모이기 때문에 착용자에게 강한 카리스마와 중심적인 이미지를 부여합니다. 특히 어깨 라인과 허리의 여밈 폭이 넓어 시각적으로 '정돈된 볼륨감'을 만들어 격식이 강조되는 자리에서

매우 강력한 효과를 발휘합니다.

또한 더블 블레이저는 단순히 화려한 옷이 아니라 상황의 무게감과 착용자의 역할을 시각적으로 설명하는 장치입니다. 발표나 연설처럼 여러 사람 앞에 서야 하는 자리, 시상식처럼 공식성과 상징성이 강조되는 순간, 혹은 대표자로서 존재감을 분명히 드러내야 하는 장면에서 더블 블레이저는 탁월한 선택이 됩니다. 반면 고객이 중심이 되는 상담이나 경청이 중요한 비즈니스 미팅에서는 다소 '과한 존재감'으로 느껴질 수 있어 상황에 맞는 활용이 필요합니다. 또한 구조감이 강하기 때문에 체격이 큰 사람은 부피가 더 강조되어 부담스럽게 보일 수 있습니다.

싱글 블레이저

싱글 블레이저는 노치드 라펠과 투 버튼 구조가 기본 형태이며 가장 단정하고 균형 잡힌 실루엣을 만들어주는 디자인입니다. 여밈 폭이 적당해 자연스럽게 허리 라인이 생기고 상체가 과도하게 강조되지 않아 상대방에게 편안함과 안정감을 주는 특징이 있습니다. 어떤 자리에서도 튀지 않으면서도 프로페셔널한 분위기를 유지할 수 있어 비즈니스 환경에서 가장 널리 활용됩니다. 특히 고객을 응대하거나 협업 중심의 미팅처럼 '상대에게 집중해야 하는 상황'에서는 싱글 블레이저가 가장 이상적입니다. 군더더기 없는 구조 덕분에 체형 보완이 쉽고, 다양한 체형에 무난하게 어울리며, 캐주얼과 포멀 사이를 폭넓게 오가면서 자연스럽게 분위기를 조절할 수 있습니다. 말 그대로 싱글 블레이저는 업무용 블레이저의 기본이자 대부분의 비즈니스 상황에 안정적으로 적응하는 '가장 실용적인 선택'입니다.

싱글 블레이저, 더블 블레이저

디테일이 완성도를 결정한다

블레이저를 입었을 때 셔츠 소매는 1.5cm 정도 보이는 길이가 가장 단정한 인상을 줍니다. 이 정도 길이는 손목 움직임을 자연스럽게 보이게 하며 전체적인 균형감도 뛰어납니다. 셔츠가 전혀 보이지 않으면 답답하고 무거운 인상을 주고, 반대로 너무 많이 보이면 팔 길이가 맞지 않는 옷처럼 어색해 보입니다. 작은 차이 같지만, 이 1.5cm가 옷을 '맞춰 입은 사람'과 '그냥 걸친 사람'을 가르는 기준이 됩니다.

　소매 버튼은 리얼 버튼(Real Button)일수록 고급 제작 방식임을 보여줍니다. 리얼 버튼은 단순한 장식이 아니라 실제로 채우고 풀 수 있는 기능적 버튼입니다. 이 방식은 소매 끝부분을 실제로 열 수 있도록 안쪽 마감과 패턴이 설계되어야 하기에 더 많은 공정과 높은 수준의 재단 기술을 필요로 합니다. 그래서 리얼 버튼은 대량 생산의 보급형 슈트보다는 맞춤 슈트나 고급 라인에서 주로 사용됩니다.

　리얼 버튼의 또 다른 장점은 스타일 연출의 폭을 넓혀 준다는 점입니다. 예를 들어 소매 버튼을 한두 개 정도 풀어 자연스럽게 접어 올리면 과하지 않은 여유로움과 활동적인 이미지를 동시에 표현할 수 있습니다. 이때 소매의 형태가 무너지지 않고 자연스럽게 유지되는 것이 리얼 버튼이 가진 구조적 강점입니다. 이러한 디테일은 겉으로 보기에 사소해 보일 수 있지만, 실제로는 착용자가 자신의 옷을 얼마나 이해하고 있는지, 얼마나 세심하게 준비하는 사람인지를 보여주는 신호로 작용합니다. 정리하자면 소매 길이와 버튼 마감은 눈에 잘 띄지 않지만, 옷의 완성도와 착용자의 이미지 수준을 가르는 중요한 기준입니다. 이러한 디테일까지 점검할 때 미팅의 성공률을 높일 수 있습니다.

소매 밖으로 나온 셔츠 1.5cm

색상 선택, 기본은 언제나 강력하다

블레이저 색상은 단순한 취향의 문제가 아니라 상대방이 여러분을 어떻게 인식하는지에 직접적인 영향을 미치는 요소입니다. 특히 비즈니스 상황에서는 '얼마나 개성 있는가' 보다 '얼마나 신뢰감을 주는가'가 더 중요하기 때문에 미팅의 목적, 중요도에 따라 자리에 맞는 블레이저 색상을 전략적으로 활용하는 것이 좋습니다.

비즈니스용 블레이저의 기본 색상은 네이비, 차콜 그레이, 브라운입니다.

네이비: 신뢰, 안정, 지적 이미지

차콜 그레이: 무게감, 품격, 균형

브라운: 클래식한 안정감

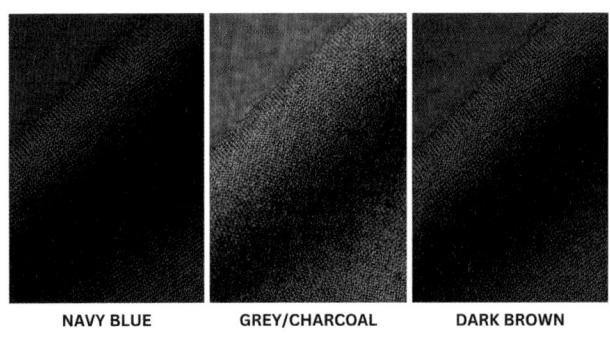

NAVY BLUE   **GREY/CHARCOAL**   **DARK BROWN**

비즈니스용 블레이저 원단 색

네이비는 대부분의 비즈니스 상황에서 실수 없이 활용할 수 있는 색입니다. 파란색 계열은 심리적으로 신뢰, 성실함, 지적 이미지를 떠올리게 하며 상대방에게 부담을 주지 않으면서도 단정한 인상을 남깁니다. 특히 다크 네이비 블레이저는 화이트 셔츠, 연블루 셔츠, 스트라이프 셔츠 등 어떤 셔츠와도 잘 어울려 활용도가 매우 높습니다. 초면 미팅, 면접, 제안 발표 등의 자리에서 입으면 좋습니다.

차콜 그레이는 무게감 있고 성숙한 이미지를 원할 때 적합합니다. 검정보다는 부드럽지만, 네이비보다 차분하고 진지한 분위기를 연출할 수 있습니다. 의사결정자와의 미팅, 중요한 계약 협상, 공식적인 행사 등에서 신뢰와 품격을 동시에 보여주고 싶을 때 입으면 좋습니다. 또한 체형 보정에도 유리해 상체가 크거나 체격이 큰 사람에게도 안정적인 실루엣을 만들어 줍니다.

브라운 계열은 클래식하고 따뜻한 인상을 주는 색입니다. 특히 가을, 겨울 시즌에는 브라운, 다크 브라운, 토바코 컬러 등의 블레이저가 깊이 있는 이미지를 만들어 줍니다. 고객과의 라운지 미팅, 세미 캐주얼 비즈니스 모임, 강의나 코칭처럼 관계 형성이 핵심인 자리에서 따뜻하고 인간적인 매력을 전달하는 데 도움이 됩니다.

반면 검정색 슈트는 예복(시상식, 결혼식, 장례식) 용도로 사용하는 것이 기본입니다. 일반적인 비즈니스 환경에서 검정색은 지나치게 무겁거나 딱딱해 보일 수 있습니다. 또한 조명에 따라 얼굴의 표정을 어둡게 만들어 상대와의 심리적 거리를 좁히는 데 불리하게 작용할 수 있습니다. 따라서 업무용 첫 슈트로는 검정보다는 네이비나 차콜 그레이를 선택하는 것이 훨씬 유리합니다.

결혼식 예복, 장례식 복장

정리하자면 첫 슈트를 준비한다면 다크 네이비 또는 차콜 그레이 한 벌로 시작하는 것이 가장 안전합니다. 이 두 색상은 어떤 셔츠, 어떤 타이와도 조화롭게 매치되며 업종과 직급, 상황을 가리지 않고 안정적인 이미지를 유지할 수 있게 해줍니다.

여성 블레이저 착용의 원칙

여성 블레이저는 남성과 유사한 원칙을 따르지만, 표현 방식은 훨씬 다양합니다.

여성 블레이저의 장점

여성 블레이저는 남성보다 자유도가 높습니다. 원 버튼 디자인도 정식 블레이저로 충분하며, 허리 라인을 강조하는 타이트 핏부터 힙을 덮는 롱 블레이저까지 폭넓은 선택이 가능합니다. 색상 또한 베이지, 와인, 라이트 그레이 등 밝고 부드러운 계열을 활용할 수 있어 전문성과 부드러움을 동시에 표현하기에 유리합니다.

길이는 엉덩이의 1/2에서 2/3정도를 덮는 기장이 가장 무난하며 체형에 따라 힙을 완전히 덮는 길이를 선택해 다리를 길어 보이게 연출할 수도 있습니다. 중요한 것은 상ㆍ하의 비율이 자연스럽게 보이도록 맞추는 것입니다.

여성의 바지 정장 연출

현대 여성 정장의 역사적 배경

사실 여성 정장의 많은 요소가 남성복에서 출발했습니다. 샤넬의 트위드 자켓은 남성복에서 사용되던 소재와 구조를 여성의 라이프스타일에 맞게 재해석한 사례입니다. 몸을 조이던 코르셋 대신 활동성을 고려한 여유 있는 실루엣과 포켓 디테일을 도입해 '편안하면서도 고급스러운'새로운 여성 정장의 기준을 만들었습니다.

1966년 이브 생 로랑(Yves Saint Laurent)이 선보인 '르 스모킹(Le Smoking)' 슈트는 남성의 턱시도를 여성복으로 옮겨온 혁신적인 디자인이었습니다. 당시 여성에게 바지는 여전히 파격적인 선택이었지만, 이 슈트는 여성에게 새로운 자유와 자신감을 부여하며 사회적 역할 확장의 상징이 되었습니다. 남성복의 구조와 상징성을 가져와 여성의 몸에 맞게 다시 설계한 이 시도는 오늘날 여성 정장이 갖는 의미를 이해하는 데 중요한 출발점이 됩니다.

1966년 이브 생 로랑(Yves Saint Laurent)이 선보인 '르 스모킹(Le Smoking)' 슈트

따라서 남성 정장의 기본 원칙인 어깨선, 라펠, 기장, 색상 선택의 기준을 이해하면 여성 정장도 훨씬 세련되게 연출할 수 있습니다. 단순히 '예쁜 정장'을 고르는 것을 넘어 자신의 역할과 목표, 전달하고 싶은 이미지를 염두에 두고 블레이저를 선택할 수 있게 되는 것입니다.

Check Point 2. 바지가 슈트의 실루엣을 결정한다

대부분의 사람들은 정장을 입을 때 상의에 훨씬 더 많은 신경을 씁니다. 블레이저의 길이, 어깨 핏, 라펠 모양 등은 꼼꼼히 확인하면서도 정작 바지는 '맞겠지' 하고 대충 넘기는 경우가 많습니다. 하지만 비즈니스 정장에서 바지는 전체 비율을 결정하는 숨은 핵심입니다. 바지가 단 1~2cm만 길거나 짧아도 전체 실루엣이 무너지고, 핏이 어색하면 상의가 아무리 멋져도 조화롭지 않게 보입니다. 바지는 상체와 하체의 균형을 잡아주는 기둥과도 같은 역할을 하기 때문에 기본 규칙을 정확히 이해하는 것만으로도 비즈니스 룩 전체의 완성도가 확연히 달라집니다. 특히 현대 비즈니스 환경에서는 '준비된 사람'의 이미지를 전달하는 것이 중요합니다. 고객과 마주하기 전, 상대는 말보다 먼저 여러분의 전체 실루엣과 태도를 관찰합니다. 이때 가장 먼저 눈에 들어오는 요소 중 하나가 바로 바지의 길이와 핏입니다. 바지는 단순히 입는 옷이 아니라 전문성과 신뢰도를 전달하는 시각적 언어입니다.

사이즈의 기준은 허벅지와 엉덩이

많은 사람들이 바지를 고를 때 가장 먼저 확인하는 것이 '허리 사이즈'입니다. 그러나 실제로 바지의 핏을 결정하는 요소는 허리가 아니라 허벅지와 엉덩이 둘레입니다. 허벅지와 엉덩이가 발달한 체형이 정사이즈를 고르면 앉거나 계단을 오를 때 불편할 뿐 아니라 주름이 잡히며 전체 실루엣이 어색하게 무너집니다.

따라서 허벅지·엉덩이가 큰 체형은 한두 사이즈 크게 선택하고 허리는 수선하거나 벨트로 조절하면 안정적인 핏을 완성할 수 있습니다. 기성복 바지는 허리보다 허벅지를 기준으로 제작되는 경우가 많아 허리만 기준으로 선택하면 실루엣이 무너지기 쉽습니다. 반면 허벅지와 엉덩이 둘레를 기준으로 사이즈를 고르면 활동성이 좋아지고 옷의 형태도 자연스럽게 살아납니다. 최근 남성 비즈니스 정장에서는 '허리는 잘록하게, 허벅지는 자연스럽고 여유 있게' 떨어지는 실루엣이 가장 완성도 높은 핏으로 평가되고 있습니다.

바지 기장, 전체 분위기를 결정하는 1cm의 힘

바지 길이는 전체 비즈니스 룩의 균형을 결정합니다. 기장은 단순히 선호의 문제가 아니라 비즈니스 예절과도 연결된 요소입니다.

남성의 기준 기장

구두를 신었을 때 바지 밑단이 구두 윗부분에서 약간 닿는 정도, 즉 굽 앞쪽에서 자연스럽게 떨어지는 길이가 정석입니다. 길이가 너무 짧으면 발목이 드러나 비즈니스 룩이 캐주얼하게 보이고, 너무 길면 밑단에 접힘(브레이크)가 생기고 바지가 눌려 전체적으로 흐트러져 보입니다.

최근에는 '노 브레이크(no break)'와 '하프 브레이크(half break)' 스타일이 가장 많이 활용됩니다. 직업군에 따라 다르지만, 금융, 컨설팅, 세일즈처럼 격식을 중요시하는 직군에서는 하프 브레이크가 가장 안정적으로 보입니다.

여성의 기준 기장

여성 바지는 신발 굽 높이에 맞춰 조절하는 것이 핵심입니다. 굽이 낮은 신발이라면 발목이 가볍게 덮이는 정도가 좋고, 중간 굽(5~7cm)은 바지가 자연스럽게 떨어져 발등 위를 스치는 정도가 좋습니다. 높은 굽(8cm 이상)을 신는다면 바지나 지나치게 길지 않도록 깔끔하게 기장을 맞추는 것이 좋습니다.

다리를 길어 보이게 하는 '모닝컷 (Morning Cut)'

모닝컷은 앞부분보다 뒷부분이 약간 길게 떨어지는 컷팅 기법입니다. 정면에서 볼 때 다리가 상대적으로 길어 보이고 움직일 때 바지 끝이 신발에 덜 걸려 매우 실용적입니다. 클래식 슈트의 고급 테일러링에 자주 사용되며 특히 무릎 아래가 길거나 다리 라인이 고른 체형에 강력한 장점이 있습니다.

바지의 구조 : 플리츠(턱)의 구성

플리츠는 단순히 디자인이 아니라 체형 보정 기능을 가진 구조적 장치입니다.

노턱 (No Tuck)

바지 앞부분에 주름이 없는 디자인으로, 다리 라인이 그대로 드러나는 것이 특징입니다. 허벅지와 엉덩이에 여유 공간이 거의 없기 때문에 슬림하거나 표준 체형에게 가장 적합합니다. 군더더기 없는 미니멀한 실루엣을 구현하기 좋아 현대적인 비즈니스 룩에도 자주 사용됩니다. 단, 허벅지가 발달한 체형이 억지로 노턱을 선택하면 움직일 때 조임이 생기고 주름이 가로로 생기며 전체 핏이 망가질 수 있으므로 체형 판단이 매우 중요합니다.

원턱 (One Tuck)

바지 앞부분에 주름이 한 개 잡힌 형태로, 허벅지 앞쪽에 자연스러운 여유를 만들어 줍니다. 너무 과하게 넓어지지 않으면서도 앉거나 걸어도 편안한 장점이 있습니다. 허벅지가 약간 굵은 체형, 장시간 움직이는 직군, 활동량이 많은 영업 직에게 특히 실용적입니다. 적당한 여유 덕분에 클래식한 비 즈니스 룩과도 잘 어울립니다.

투턱 (Two Tuck)

바지 앞부분에 주름이 두 개 잡힌 형태로 허벅지와 엉덩 이 부분의 여유 폭이 가장 넓습니다. 체형 보정 효과가 뛰어 나 허벅지, 엉덩이가 큰 체형에게 매우 적합합니다. 또한 고 전적인 영국식 슈트의 특징을 갖고 있어 클래식한 인상을 줍니다. 단정하고 안정적인 실루엣을 만들어 의도적으로 클 래식함을 강조하는 자리에서도 활용되지만, 세련된 핏을 위 해 과하게 넓은 모델보다는 적절한 폭의 현대식 투턱을 선 택하는 것이 중요합니다.

노턱 바지, 원턱 바지, 투턱 바지

바지의 구조: 턴업(Turn-up)의 사용법

바지 끝단을 접어 마감하는 턴업은 클래식한 멋을 살릴 수 있지만 비즈니스 정장에서는 다소 캐주얼하게 보일 수 있습니다. 턴업의 장점은 바지 무게를 늘려 수직 라인을 더 안정적으로 유지할 수 있고, 캐주얼 재킷이나 로퍼와 잘 어울립니다. 하지만 금융, 컨설팅, 강의 등 보수적인 업종에서는 턴업 없는 정직한 밑단이 훨씬 깔끔하고 단정하게 보입니다.

턴업 바지

밑위(Rise) 길이, 체형을 살리는 절대 기준

밑위는 바지의 허리선에서 엉덩이 아래까지의 길이를 의미하며, 착용감뿐 아니라 다리 길이 비율을 좌우하는 핵심 요소입니다. 하이 라이즈(High Rise)는 허리를 안정적으로 잡아주고 다리가 길어 보이게 합니다. 미드 라이즈(Mid Rise)는 가장 무난하고 활동성이 좋습니다. 로우 라이즈(Low Rise)는 다리가 짧아 보일 수 있어 비즈니스에서는 추천하지 않습니다.

하이 라이즈, 미드 라이즈, 로우 라이즈

아시아인의 체형은 하이 라이즈가 가장 균형 있게 떨어집니다. 실제 연구에서도 유럽 브랜드 정장 구매자의 상당수가 '밑위가 짧아 불편함을 겪었다'고 보고된 바 있습니다. 이는 서구 체형 기준의 패턴이 한국인의 골반, 허벅지 구조와 맞지 않기 때문입니다. 따라서 밑위를 선택할 때는 자신의 체형이 주는 전체적인 비율을 먼저 떠올리는 것이 좋습니다. 다리가 짧아 보이는 체형이라면 허리선이 자연스럽게 위로 올라가는 하이 라이즈를 선택하는 것이 좋습니다. 하이 라이즈는 골반 아래에서부터 허리까지 이어지는 선을 길게 잡아주기 때문에 다리 전체가 더 길고 곧게 보이는 효과를 줍니다. 반대로 허리가 접히거나 앉을 때 불편함을 자주 느낀다면 미드 라이즈가 보다 안정적입니다. 미드 라이즈는 상체와 하체의 비율을 무리 없이 맞추면서도 활동성을 유지해 주기 때문에 장시간 업무를 보거나 이동이 많은 직군에게 적합합니다.

이처럼 밑위는 단순히 취향 문제가 아니라 체형을 구조적으로 보완하는 요소입니다. 만약 기성복의 밑위 길이가 체형과 맞지 않는 느낌이 든다면 브랜드를 바꾸어 보는 것보다 맞춤 제작을 고려하는 편이 장기적으로 훨씬 만족도가 높습니다. 자신의 골반 위치와 다리 길이에 정확히 맞춘 밑위는 걷고 앉는 모든 동작에서 자연스러운 실루엣을 만들어 주며 비즈니스 상황에서 더욱 단정하고 안정감 있는 인상을 완성합니다.

여성 바지 선택, 체형별 실루엣 전략

이제 여성 바지의 종류와 특징, 체형별 바지 선택 방법에 대해 알아보겠습니다.

하체가 발달한 체형은 와이드 팬츠

하체가 발달한 체형이라면 와이드 팬츠가 는 허벅지와 엉덩이의 볼륨을 시각적으로 자연스럽게 흘어주어 전체 라인을 고르게 정돈해 줍니다. 다리에 여유 있는 공간이 생기면서 걸을 때 옷이 몸에 달라붙지 않아 움직임이 훨씬 편안하고 실루엣 또한 안정적으로 떨어집니다. 특히 상의를 슬림하거나 구조적으로 잡힌 디자인과 매치하면 상체와 하체의 대비가 더 선명해지며 비율이 눈에 띄게 정리되는 효과가 있습니다. 이러한 장점 덕분에 와이드 팬츠는 영업직 여성처럼 하루 종일 이동하고 다양한 고객을 만나야 하는 직군에게 활동성과 전문성을 동시에 만족시키는 매우 실용적인 선택으로 평가됩니다.

다리가 길고 얇은 체형은 스트레이트 핏

스트레이트 핏은 과도하게 가늘어 보일 수 있는 다리선을 자연스럽게 정리해 주어 균형 잡힌 실루엣을 만들어 줍니다. 허벅지부터 발목까지 깔끔하게 일자로 떨어지는 구조 덕분에 다리의 굴곡이 과하게 드러나지 않으며 전체적으로 단정하고 안정적인 라인을 완성합니다. 이러한 특성 덕분에 스트레이트 핏은 다양한 비즈니스 상황에서 가장 단정하고 전문적인 이미지를 전달하는 팬츠 스타일로 평가됩니다.

다리가 짧은 체형은 하이 라이즈 팬츠

하이 라이즈 팬츠는 허리선이 자연스럽게 위쪽으로 배치되기 때문에 다리가 실제보다 훨씬 길어 보이는 시각적 효과를 만들어 냅니다. 이는 상체와 하체의 비율을 균형 있게 조정해 주어 전체적인 실루엣이 깔끔하게 정돈되는 장점이 있습니다. 특히 셔츠를 바지 안으로 넣어 연출하면 허리선이 더욱 명확하게 드러나면서 비율이 안정적으로 보이고 상체가 길어 보이는 현상을 완화해 체형 보정 효과를 극대화할 수 있습니다.

와이드 팬츠, 스트레이트 팬츠, 하이 라이즈 팬츠

'정확한 핏'이 신뢰를 만든다

정장 팬츠는 단순히 편한 옷이 아니라 상대에게 보내는 메시지입니다. 팬츠를 잘 선택하는 사람은 다음과 같은 공통점을 갖고 있습니다. 전체 비율을 정확히 이해하고, 자신의 체형을 고려한 선택을 하며 길이, 핏, 밑위, 마감 처리 같은 세부 요소 하나하나를 전략적으로 관리합니다. 이런 세심함은 결국 고객이나 파트너에게 '이 사람은 작은 것 하나도

허투루 넘기지 않는 사람'이라는 메시지를 전달합니다. 비즈니스에서 신뢰는 디테일에서 시작되며 그 디테일 중 가장 큰 비중을 차지하는 것이 바로 팬츠의 완성도입니다. 정장 팬츠를 올바르게 선택하고 관리하는 것은 단순한 스타일링을 넘어, 프로페셔널리즘과 성실함을 시각적으로 증명하는 중요한 도구입니다.

Check Point 3. 세련된 인상은 셔츠에서 시작된다

아침에 일어나 거울 앞에서 '오늘은 어떤 셔츠를 입을까?' 고민한 적이 있으신가요? 셔츠는 단순히 상의가 아니라 당신의 첫인상과 신뢰도를 결정짓는 중요한 아이템 중 하나입니다. 특히 비즈니스 환경에서는 셔츠 하나가 '이 사람, 준비되어 있구나'라는 인상을 줄 수도, 반대로 '세세한 부분에 신경을 덜 쓰는구나'라는 느낌을 줄 수도 있습니다. 이 장에서는 셔츠의 종류부터 사이즈, 색상, 계절별 선택법, 그리고 미팅에서의 셔츠 예절까지, 한층 더 프로페셔널하고 품격 있는 인상을 위한 셔츠의 모든 것을 단계별로 살펴보겠습니다.

셔츠의 종류, 드레스 셔츠 vs 캐주얼 셔츠

드레스 셔츠는 정장과 함께 입는 셔츠로, 칼라에 단단한 보강재(인터라이닝)가 들어 있어 형태가 흐트러지지 않습니다.

덕분에 넥타이를 매더라도 각이 무너지지 않고 깔끔한 라인이 유지되어 격식 있는 인상을 줍니다. 대부분 단추가 외부에 노출되지 않거나 이너 버튼(히튼 버튼) 구조를 사용해 더욱 단정한 실루엣을 완성합니다. 고급 드레스 셔츠일수록 바느질 간격이 촘촘하며 소매 단추나 요크선(yoke line)의 마감에서도 완성도를 확인할 수 있습니다.

드레스 셔츠의 코디법

드레스 셔츠는 슈트와의 조화를 전제로 합니다. 화이트나 스카이 블루 셔츠는 회색, 네이비, 블랙 슈트와 가장 잘 어울리며 넥타이 색상을 대비감 있게 매치하면 세련된 인상을 줍니다. 예를 들어 네이비 슈트에는 버건디나 실버 톤의 넥타이가 잘 어울립니다. 공식적인 자리에서는 와이드 스프레드 칼라, 보다 가벼운 회의에서는 세미 와이드 칼라를 선택해보세요. 셔츠 소매는 자켓보다 1cm 정도 길게 보여야 전체 라인이 정제된 인상을 줍니다.

캐주얼 셔츠의 특징

캐주얼 셔츠는 드레스 셔츠보다 훨씬 자유로운 느낌을 줍니다. 칼라에 보강재가 없거나 버튼다운 형태로 되어 있어 자연스러운 분위기를 연출합니다. 소재는 린넨, 옥스포드면, 플란넬 등으로 다양하며 구김이 가더라도 오히려 멋스럽게 보입니다. 옥스포드 셔츠는 사계절 내내 활용하기 좋고, 린넨 셔츠는 여름철 통기성이 뛰어나며, 플란넬은 가을 · 겨울 시즌에 따뜻하고 부드러운 촉감을 제공합니다.

캐주얼 셔츠의 코디법

캐주얼 셔츠는 청바지, 치노팬츠, 슬랙스 등과 자유롭게 매치할 수 있습니다. 린넨 셔츠는 흰색 팬츠나 베이지 팬츠와 어울리며 소매를 두세 번 말아 올리면 한층 경쾌한 느낌을 줍니다. 옥스포드 셔츠는 셔츠 밑단을 바지 밖으로 꺼내 입어도 단정하며 위에 가디건이나 경량 자켓을 걸치면 세미포멀한 오피스 룩으로도 연출 가능합니다. 또한 패턴 있는 셔츠를 입을 때는 하의와 신발을 단색으로 매치하여 전체적인 밸런스를 유지하는 것이 좋습니다.

회의나 공식 미팅에서는 드레스 셔츠에 슈트를 매치하는 것이 가장 안정적입니다. 슈트의 견고한 실루엣과 셔츠의 정제된 라인이 조화를 이루며 넥타이와 포켓스퀘어를 더하면 한층 완성도 높은 비즈니스 룩이 완성됩니다. 반면 사내 캐주얼데이나 점심 약속처럼 덜 격식 있는 자리에서는 캐주얼 셔츠를 청바지나 면바지와 함께 코디해보세요. 셔츠의 소매를 살짝 걸어 올리면 자연스럽고 여유로운 인상을 주며 가

녑게 스니커즈나 로퍼를 매치하면 격식과 편안함이 균형 잡힌 스타일을 연출할 수 있습니다.

드레스 셔츠, 캐주얼 셔츠

셔츠 사이즈와 핏 선택법

많은 사람들이 '셔츠는 그냥 맞으면 된다'고 생각하지만, 핏(fit)은 당신의 전체적인 이미지를 결정하는 가장 중요한 요소입니다.

셔츠의 총기장과 비율

셔츠의 길이는 단정함과 실용성을 모두 고려해야 합니다. 활동 중 셔츠가 바지 밖으로 빠지는 경험을 해본 사람이라면 셔츠의 총기장이 얼마나 중요한지 알 것입니다. 일반적으로 셔츠는 한 단 정도 길게 맞추는 것이 이상적입니다. 이렇게 하면 움직임이 많을 때도 셔츠가 흘러나오지 않아 깔끔한 인상을 유지할 수 있습니다. 특히 회의나 프레젠테이션처럼 시선이 집중되는 자리에서는 단정한 셔츠 라인이 신뢰감을 높여줍니다.

셔츠 핏의 황금 비율

셔츠의 핏은 너무 크지도, 너무 타이트하지도 않아야 합니다. 이상적인 셔츠는 어깨선이 정확히 맞고 허리 부분은 살짝 들어가면서도 몸의 움직임에 제약이 없어야 합니다. 셔츠를 입었을 때 팔을 움직여도 당김이 없고 가슴 부분에 자연스러운 여유가 있다면 좋은 핏입니다. 슬림핏은 날씬한 체형이나 슈트 안에 입을 때 적합하며 레귤러핏은 대부분의 체형에 무난하게 어울립니다. 릴렉스핏은 여름철 린넨 셔츠나 편안한 캐주얼 스타일에 어울리며 자연스러운 실루엣을 완성합니다. 즉, 핏의 선택은 단순히 체형이 아니라 상황과 목적에 따라 달라져야 합니다.

셔츠 소재 선택의 전략

셔츠의 소재는 계절과 용도에 따라 달라져야 합니다. 면 100% 셔츠는 부드럽고 통기성이 좋지만 구김이 잘 생기기 때문에 중요한 미팅 전에는 반드시 다림질을 해주는 것이 좋습니다. 반면 폴리에스터 혼방 셔츠는 구김이 적고 관리가 용이해 출장이나 장시간 착용에 적합합니다. 여름철에는 린넨이나 시어서커(Seersucker) 원단을 추천합니다. 린넨은 통풍이 뛰어나 시원하지만 다소 구김이 있고 시어서커는 표면의 오돌토돌한 질감 덕분에 피부에 달라붙지 않아 쾌적함을 유지할 수 있습니다.

한 가지 유의해야 할 점은 반팔 셔츠는 정장 셔츠로 간주되지 않는다는 것입니다. 계절이 바뀐다고 해서 여름에는 반팔, 겨울에는 긴팔로 단순히 구분하는 것은 옳지 않습니다. 비즈니스 복장에서는 4계절 내내 긴팔 셔츠가 표준이며 여름에는 통기성이 좋은 소재로, 겨울에는 조금 더 두께감 있는 원단으로 바꾸는 것이 좋습니다. 긴팔 셔츠는 계절과 관계없이 격식을 유지하고 자켓과 함께 입었을 때 전체적인 실루엣을 자연스럽게 완성해줍니다. 이러한 소재 선택과 형태 유지의 원칙은 단순한 스타일의 문제가 아니라 하루 종일 깔끔하고 편안한 인상을 유지하는 비즈니스 매너의 일부라고 할 수 있습니다.

셔츠 색상 선택법, 인상은 '색'에서 시작된다

정장과 셔츠의 색 조합은 비즈니스 매너의 기본 중에서도 핵심입니다. 셔츠의 색상은 단순히 옷의 분위기를 정하는 요소가 아니라 당신의 인상과 신뢰감을 결정짓는 중요한 시각적 메시지를 전달합니다. 화이트 셔츠는 가장 클래식하고 안전한 선택입니다. 어떤 정장 색상에도 자연스럽게 어우러지며 깔끔함과 청결함, 그리고 프로페셔널한 이미지를 동시에 표현합니다. 면접, 프레젠테이션, 고객 미팅 등 어떤 자리에서도 신뢰를 주는 기본 셔츠로 손꼽힙니다.

스카이 블루 셔츠는 화이트보다 부드럽고 친근한 이미지를 전달합니다. 회색이나 네이비 계열의 슈트와 조화를 이루어 밝고 안정감 있는 인상을 만들어 줍니다. 특히 하루 종일 착용해도 부담스럽지 않아 일상적인 비즈니스 미팅이나 사내 업무용으로 매우 실용적입니다. 한편 연바이올렛 셔츠는 개성과 자신감을 표현하고 싶을 때 좋은 선택입니다. 공식적인 자리에서도 세련된 느낌을 유지하면서 발표나 중요한 미팅, 인터뷰처럼 존재감을 드러내야 하는 순간에 효과적입니다. 단, 넥타이와의 조합에서는 중간 톤의 색상을 선택해 조화를 이루는 것이 중요합니다.

피부 톤에 따른 셔츠 색상 선택

피부 톤에 따라 셔츠 색상을 달리 선택하는 것은 인상을 좌우하는 핵심 포인트입니다. 쿨톤 피부를 가진 사람은 푸른 기가 감도는 화이트나 스카이 블루 셔츠가 피부를 맑고 깨끗하게 보이게 하며, 웜톤 피부를 가진 사람은 아이보리나 베이지 톤의 화이트 셔츠를 선택하면 얼굴이 부드럽고 따뜻하게 표현됩니다. 특히 화이트 셔츠의 경우에는 세부적인 차이가 있습니다. 웜톤 피부에는 노란빛이 섞여 있는 따뜻하고 부드러운 화이트가 어울리며, 쿨톤 피부에는 파란빛이 섞인 차갑고 맑은 화이트가 잘 어울립니다. 자신의 톤을 구분하기 어렵다면 서로 다른 두 가지 톤의 화이트 셔츠를 얼굴 가까이에 대보세요. 그중 얼굴의 혈색이 좋아지고 잡티가 덜 보이는 색이 바로 당신에게 어울리는 컬러입니다. 이렇게 피부톤에 맞는 셔츠를 선택하면 조명이나 사진 속에서도 더욱 생기 있고 자연스러운 인상을 연출할 수 있습니다.

칼라 형태에 따른 얼굴형 맞춤 선택법

셔츠의 칼라도 나에게 맞는 종류로 입어야 합니다. 거울을 보면서 나의 얼굴형을 살펴보고 그에 어울리는 칼라를 선택하는 것이 좋습니다.

와이드 칼라 (Wide collar)

와이드 칼라는 끝이 옆으로 넓게 벌어진 형태로, 얼굴이 갸름하거나 마른 사람에게 특히 잘 어울립니다. 이 형태는 얼굴의 각을 부드럽게 만들어 날카로운 인상을 완화시키는 효과가 있습니다. 또한 넥타이를 묶을 때 윈저 노트(Windsor

Knot)나 하프 윈저 노트(Half Windsor Knot)처럼 폭이 넓은 매듭과 조화가 좋아 격식 있는 자리에서 세련된 인상을 줍니다. 와이드 카라는 회의나 프레젠테이션, 공식적인 비즈니스 미팅처럼 신뢰감과 품격이 요구되는 자리에서 이상적인 선택입니다.

스트레이트 칼라 (Straight collar)

스트레이트 칼라는 끝이 아래로 곧게 떨어지는 전통적인 형태로, 얼굴이 둥근 사람이나 볼살이 있는 사람에게 잘 어울립니다. 수직적인 라인이 얼굴을 길고 날렵하게 보이게 만들어 균형 잡힌 인상을 완성합니다. 이 형태의 칼라는 대부분의 넥타이 매듭과 잘 어울리며 격식 있는 정장 스타일뿐만 아니라 세미 포멀한 업무 환경에서도 자연스럽습니다. 깔끔하고 단정한 이미지를 원하는 사람에게 적합합니다.

버튼다운 칼라 (Button-down collar)

버튼다운 칼라는 끝이 단추로 고정된 형태로, 원래는 스포츠 셔츠에서 유래했지만 현재는 비즈니스 캐주얼이나 출장, 사내 회의 등 덜 격식 있는 자리에서 폭넓게 활용됩니다. 칼라가 고정되어 형태가 흐트러지지 않으며 넥타이 없이도 단정하고 실용적인 느낌을 줍니다. 청바지나 면바지, 니트와 함께 매치하면 자연스럽고 지적인 인상을 연출할 수 있습니다. 이 칼라는 격식과 편안함의 경계에 있는 현대 직장인들에게 특히 실용적인 선택입니다.

와이드 칼라, 스트레이트 칼라, 버튼다운 칼라

비즈니스 미팅 시 셔츠 착용 예절

비즈니스 미팅에서 자켓을 벗어도 될까요? 답은 '상대방의 양해가 있다면 예외적으로 가능하다'입니다. 서양 복식 문화에서 셔츠는 속옷의 연장선으로 간주되기 때문에 자켓 없는 셔츠 차림은 격식이 떨어진다는 인식이 있습니다. 따라서 중요한 고객 미팅이나 공식적인 자리에서는 자켓을 착용한 상태를 유지하는 것이 기본 예의입니다. 만약 자켓을 벗어야 한다면 상대방에게 정중히 양해를 구하고 깔끔하게 접어 의자 등받이에 올려두는 것이 좋습니다. 이는 상대방에 대한 배려이자 당신의 품격을 보여주는 세심한 행동입니다.

여성 셔츠 스타일링, 블라우스보다 셔츠가 주는 힘

최근 여성 직장인들 사이에서는 블라우스 대신 셔츠를 입는 스타일이 점점 더 인기를 얻고 있습니다. 셔츠가 블라우스보다 구조감이 뚜렷해 보다 프로페셔널하고 자신감 있는 이미지를 만들어주기 때문입니다. 셔츠의 단정한 실루엣은 신뢰감 있는 비즈니스 이미지를 전달하며, 동시에 여성스러운 세련미를 유지할 수 있는 장점이 있습니다. 특히 이너 버튼 디자인이 적용된 셔츠는 칼라의 형태를 단정하게 유지해 깔끔한 인상을 주며 회의나 미팅 자리에서도 흐트러짐 없이 완벽한 형태를 유지합니다. 허리 라인이 살짝 들어간 셔츠는 체형을 자연스럽게 돋보이게 하면서도 지나치게 타이트하지 않아 활동성과 단정함을 모두 갖춘 스타일입니다. 이러한 디자인은 착용자의 실루엣을 정제되게 표현해주어 깔끔한 인상을 남깁니다.

화이트나 블루 계열의 기본 셔츠는 가장 활용도가 높은 색상으로, 다양한 하의와 쉽게 매치할 수 있습니다. 여기에 진주 귀걸이나 얇은 메탈 시계를 더하면 과하지 않으면서도 세련된 비즈니스 룩이 완성됩니다. 계절에 따라 자켓이나 가디건을 함께 매치하면 따뜻하면서도 정돈된 인상을 유지할 수 있으며 회의실부터 외부 미팅까지 자연스럽게 이어지는 완성도 높은 스타일을 연출할 수 있습니다.

셔츠는 단순한 의류가 아닙니다. 당신의 신뢰도, 이미지, 태도를 시각적으로 표현하는 도구입니다. 셔츠의 길이, 칼라의 각도, 소매의 길이, 다림질의 정리 상태, 이 작은 디테일들이 당신의 전문성과 진정성을 말해줍니다. 비즈니스 현장에서 '옷 잘 입는 사람'은 결국 '자신을 존중하는 사람'으로 기억됩니다. 내일 아침, 셔츠를 고를 때 단순히 '이게 깔끔해 보인다'가 아니라 '이 셔츠는 오늘의 나를 어떻게 표현할까?'를 한 번 더 생각해보세요.

Check Point 4. 발끝에서 완성되는 구두의 품격

출근 전 아침, 거울 앞에서 서츠와 넥타이를 고른 뒤 마지막으로 신발을 신는 순간을 떠올려보세요. 대부분의 사람들은 '어떤 구두를 신을까?'보다 '이 신발이 편할까?'를 먼저 생각합니다. 하지만 비즈니스 매너에서 구두는 신뢰와 품격의 상징이며 당신의 세심함을 보여주는 마지막 터치입니다. 구두는 단순한 액세서리가 아니라 당신의 태도와 준비성을 보여주는 언어입니다.

구두의 형태, 남성의 품격은 발끝에서 완성된다

비즈니스 환경에서 가장 기본이 되는 남성용 구두는 끈이 있는 옥스포드화(Oxford Shoes)입니다. 옥스포드화는 신발의

끈 구멍 부분이 닫혀 있는 형태로, 전체적으로 정제되고 단정한 인상을 줍니다. 끈이 있는 구두는 사이즈 조절이 용이하고 발을 안정적으로 잡아주어 오래 신어도 피로감이 적습니다. 반면, 로퍼(loafer)나 더비(Derby) 구두는 캐주얼한 느낌이 강해 공식적인 비즈니스 미팅에서는 다소 부적절할 수 있습니다.

구두의 실루엣 또한 매우 중요합니다. 아웃솔(밑창)은 두껍지 않으면서 최대한 얇고 매끈하게 유지하는 것이 좋습니다. 아웃솔이 두꺼우면 캐주얼한 인상을 주기 때문에 정장과 어울리지 않습니다. 특히 비즈니스 슈즈는 발등 라인이 매끄럽게 이어지고, 앞코가 과도하게 둥글거나 네모난 형태보다는 약간 뾰족한 형태가 가장 정중해 보입니다.

가죽의 질감 또한 구두의 품격을 결정짓는 핵심 요소입니다. 너무 매트하거나 지나치게 광택이 나는 소재는 피해야 합니다. 이상적인 정장 구두는 은은한 광택이 감도는 스무스 레더(Smooth Leather)로, 착용자의 품격을 자연스럽게 드러내 줍니다. 반면 애나멜(Enamel) 소재는 과한 반짝임으로 인해 격식 있는 자리에서는 오히려 부조화를 일으킬 수 있습니다.

비즈니스 현장에서 자주 보이는 실수 중 하나는 캐주얼 슈즈를 정장에 매치하는 것입니다. 운동화나 두꺼운 밑창의 로퍼를 정장과 함께 신으면 아무리 슈트가 완벽해도 전체적인 인상이 흐트러져 보입니다. 따라서 비즈니스 룩에서는 반드시 '정제된 형태, 얇은 밑창, 깔끔한 마감'을 기본으로 한 구두를 선택해야 합니다.

윙팁, 더비, 스트레이트팁, 로퍼, 테슬, 보트화

구두의 색상과 매칭, 슈트와 조화를 이루는 법

비즈니스 정장에서 가장 많이 착용하는 슈트 색상은 네이비, 그레이, 블랙입니다. 이 세 가지 색상에 맞춰 구두 색상을 선택하면 실패할 확률이 줄어듭니다.

네이비 슈트에는 블랙 구두와 브라운 구두 모두 잘 어울립니다. 블랙 구두를 선택하면 더욱 클래식하고 격식 있는 인상을 주며 브라운 구두를 신을 경우에는 부드럽고 따뜻한 이미지를 연출할 수 있습니다. 특히 브라운 구두를 선택할 때는 너무 밝은 색상보다는 톤 다운된 다크 브라운이나 초콜릿 브라운을 추천합니다. 이 두 가지 색상 모두 세련된 조합으로 글로벌 비즈니스 환경에서도 자주 볼 수 있는 조화입니다.

그레이 슈트는 블랙 구두와 브라운 구두 모두 어울립니다. 다만, 회색의 톤이 밝다면 브라운 계열이 부드럽게 조화를 이루고 짙은 차콜 그레이에는 블랙 구두가 더욱 격식 있는 느낌을 줍니다.

블랙 슈트에는 오직 블랙 구두가 정답입니다. 블랙은 절제된 품격을 상징하며 중요한 미팅이나 공식 행사에서 신뢰감을 전달하는 가장 클래식한 조합입니다.

색상의 조합뿐 아니라 양말 선택도 중요합니다. 양말은 구두 색상보다 약간 어두운 색 또는 슈트 색상과 동일 계열의 톤으로 맞추면 다리가 길어 보이고 전체적인 밸런스가 정돈됩니다. 무늬가 화려하거나 캐릭터가 들어간 양말은 절대 피해야 합니다.

바지와 양말의 컬러 매칭

구두 관리와 매너, 신뢰는 발끝에서 표현된다

아무리 고급 구두를 신더라도 관리가 되어 있지 않다면 그 가치는 온전히 빛나지 않습니다. 정장 구두는 '깨끗함과 광택'이 생명입니다. 먼지나 흙이 묻은 구두는 단정하지 못한 인상을 줄 뿐만 아니라 상대방에게 세심함이 부족하다는 인상을 심어줄 수 있습니다.

구두는 하루 착용 후 반드시 마른 천으로 닦아주고, 일주일에 한 번 정도는 구두약을 사용해 광택을 유지해야 합니다. 특히 천연 가죽 구두는 가죽 보호제를 사용해 건조함을 방지하는 것이 좋습니다. 장시간 신은 구두는 습기가 차기 때문에 신발 속에 슈트리(shoe tree)를 넣어 형태를 유지하고 습기를 흡수하도록 하는 것이 필수입니다. 또한 구두 밑창이 닳으면 즉시 수선을 하는 것이 좋습니다. 닳은 밑창은 보행 자세를 불안정하게 만들고 외관상으로도 관리가 부족해 보입니다. 가죽 밑창을 사용하는 고급 구두의 경우 교체 가능한 구조로 되어 있어 꾸준한 관리만으로도 5년 이상 사용할 수 있습니다.

비즈니스 자리에서는 신발의 상태가 곧 당신의 태도와 준비성을 보여줍니다. 항상 정갈하게 닦인 구두는 당신이 세심하고 신뢰할 만한 사람임을 조용히 말해줍니다.

여성의 구두 선택, 우아함과 단정함의 균형

여성의 구두 선택은 단순히 스타일의 문제가 아니라 전문성과 신뢰를 표현하는 중요한 수단입니다. 비즈니스 환경에서는 너무 높은 하이힐이나 샌들형 디자인을 피하는 것이 좋습니다. 발가락이 드러나거나 뒷굽이 노출되는 디자인은 캐주얼한 느낌을 주어 공식적인 자리에서 부적절할 수 있습니다.

클래식한 펌프스(Pumps) 형태의 구두가 가장 안정적이며 굽 높이는 5cm 내외가 적당합니다. 이 정도 높이는 다리 라인을 자연스럽게 살려주면서도 장시간 착용 시 피로감을 최소화합니다. 앞코가 둥근 구두는 부드럽고 온화한 인상을, 앞코가 날렵한 구두는 카리스마 있고 세련된 인상을 줍니다. 자신의 얼굴형과 체형에 맞춰 선택하는 것이 전체적인 균형을 맞추는 핵심입니다.

가죽 재질은 매트한 것보다 약간의 윤기가 있는 소재가 좋으며 컬러는 블랙, 네이비, 브라운처럼 차분한 톤이 안정감을 줍니다. 또한 끈이 있는 구두나 스트랩이 있는 디자인은 더욱 단정하고 신경 쓴 느낌을 주어 고객 미팅이나 발표 자리에서 신뢰를 높이는 데 도움을 줍니다.

비즈니스 룩의 완성은 셔츠나 슈트가 아니라 발끝의 디테일로 결정됩니다. 단정하고 잘 관리된 구두는 말하지 않아도 당신의 프로페셔널리즘을 보여줍니다. 반대로 닳은 구두나 더러워진 신발은 당신의 세심함과 준비성이 부족하다는 메시지를 전달합니다. 따라서 매일 아침 거울 앞에서 셔츠의 주름을 펴듯 구두의 먼지를 털어내는 습관을 들이세요. 그것이 바로 당신의 신뢰를 쌓는 가장 간단하면서도 확실한 방법입니다.

여성 정장에 어울리는 클래식 펌프스 슈즈

Check Point 5. 넥타이 매듭 하나로 완성되는 신뢰

아침 출근길, 셔츠를 단정히 여민 후 거울 앞에 서서 넥타이를 고르는 순간. 그 짧은 시간이 하루의 인상을 결정할 수 있다는 사실을 알고 계신가요? 넥타이는 단순히 목을 장식하는 패션 아이템이 아니라 당신의 품격과 세심함을 보여주는 비즈니스 상징입니다. 잘 고른 넥타이 하나는 말보다 강력하게 신뢰와 자신감을 전달합니다.

넥타이 선택은 나이와 이미지에 맞는 품격 있게

넥타이는 남성이 착용할 수 있는 몇 안 되는 액세서리 중 하나이기에 신중히 선택해야 합니다. 디자인은 단순할수록 좋으며 과한 무늬보다는 채도가 낮은 단색 계열이 안정적입니다. 그러나 연령대와 직무에 따라 선택의 기준은 조금씩 달라질 수 있습니다.

이미지메이킹 교육 현장에서는 "40대 이상이라면 젊고 세련된 인상을, 20~30대라면 점잖고 신뢰감 있는 인상을 만들어야 한다."라고 조언합니다. 예를 들어 40대 중반 이상의 남성은 너무 진하거나 큐빅이 박힌 화려한 넥타이를 피하는 것이 좋습니다. 이는 자칫 연령보다 더 나이 들어 보이게 하거나 시선을 넥타이에만 머물게 만들어 상대방의 집중을 흐릴 수 있기 때문입니다. 반면 20~30대는 오히려 지나치게 캐주얼한 무늬보다는 단정하고 기품 있는 단색 또는 잔잔한 패턴의 넥타이를 선택해야 합니다.

넥타이의 소재 역시 중요합니다. 실크 소재의 넥타이는 적당한 광택으로 품격을 더하고 매듭을 단정하게 유지할 수 있습니다. 반대로 두꺼운 니트 넥타이는 무게감이 있어 보일 수 있으나 공식적인 자리에서는 다소 캐주얼하게 보일 수 있습니다. 얇은 폴리에스터 소재는 관리가 편하지만 고급스러움이 떨어지므로 비즈니스 환경에서는 실크 100% 혹은 실크 혼방 넥타이가 가장 이상적입니다.

넥타이의 길이와 매듭, 균형이 품격을 만든다

넥타이의 길이는 매듭을 맨 후 끝부분이 벨트 버클의 중앙에 위치하는 것이 이상적입니다. 너무 짧으면 유치해 보이고 너무 길면 허둥대는 인상을 줄 수 있습니다. 특히 프레젠테이션이나 회의에서 앉아 있을 때 넥타이가 허리 위로 들뜨지 않도록 길이를 조절하는 것이 중요합니다.

매듭은 얼굴형과 셔츠 칼라 형태에 따라 달라집니다. 얼굴이 갸름한 사람은 윈저 노트(Windsor Knot)처럼 폭이 넓은 매듭이 균형을 잡아주고, 얼굴이 둥근 사람은 포인드 노트(Four-in-hand Knot)처럼 좁고 길게 떨어지는 매듭이 잘 어울립니다. 와이드 카라 셔츠에는 윈저 노트가, 레귤러 카라 셔츠에는 포인드 노트가 이상적인 조합입니다.

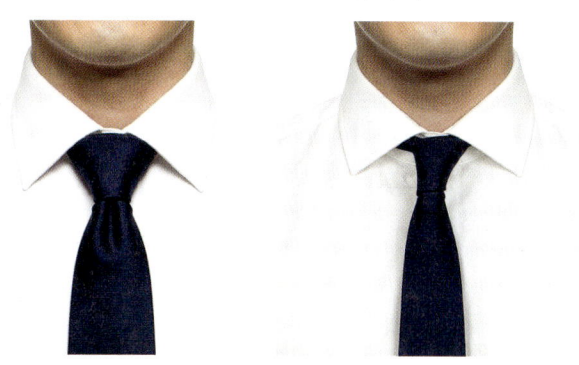

윈저 노트(Windsor Knot) 또는 더블노트, 포인드 노트(Four-in-hand Knot) 또는 싱글노트

이상적인 넥타이 길이

넥타이 색상과 패턴, 말보다 강한 색의 언어

넥타이의 색상은 셔츠와 슈트의 색상과 조화를 이루어야 합니다. 네이비 슈트와 화이트 셔츠에는 버건디, 딥 블루, 또는 다크 퍼플 계열의 넥타이가 잘 어울립니다. 그레이 슈트에는 블루나 차콜 색상이 무난하며 톤온톤으로 매치하면 세련되고 통일감 있는 인상을 줍니다.

넥타이의 색상은 그 자체로 감정과 메시지를 전달합니다.

레드 계열은 강렬함과 리더십을 상징합니다. 중요한 프레젠테이션이나 첫 미팅에서 자신감을 표현하고 싶을 때 적합합니다.

블루 계열은 안정감과 신뢰를 전달합니다. 면접이나 비

즈니스 미팅처럼 상대방에게 진정성과 성실함을 보여야 할 때 좋은 선택입니다.

옐로우 계열은 밝고 긍정적인 이미지를 주며 회색이나 베이지 슈트와 함께 착용하면 활기찬 인상을 줍니다.

넥타이 색의 종류와 이미지 연출

패턴 또한 중요합니다. 단색 넥타이는 가장 기본적이고 안전한 선택이며 스트라이프 패턴은 활기찬 이미지를, 도트 패턴은 포인트를 주면서도 격식을 유지합니다. 다만 패턴이 3가지 이상 섞인 넥타이는 산만해 보일 수 있으므로 피하는 것이 좋습니다.

만일 중요한 미팅이나 프레젠테이션을 앞두고 있다면 그

회사의 로고색과 유사한 계열의 넥타이 색상을 선택하는 것도 매우 효과적입니다. 이는 상대방에게 비언어적인 신호로 '세심한 준비와 존중의 마음'을 전달하며 기업 문화를 이해하고 있음을 보여주는 강력한 메시지가 됩니다. 예를 들어 파란색 로고를 사용하는 기업이라면 네이비나 블루 계열의 넥타이를, 빨간색 로고를 사용하는 기업이라면 버건디나 와인색 톤의 넥타이를 선택해보세요. 이런 작은 디테일이 당신의 프로페셔널리즘을 더욱 돋보이게 만듭니다.

톤온톤과 톤인톤 조합, 프로다운 감각의 핵심

스타일링에서 톤온톤과 톤인톤의 차이를 이해하면 색 조합에 대한 부담이 줄어들 수 있습니다.

톤온톤(Tone-on-tone) 코디는 같은 색상을 기준으로 명도와 채도에 변화를 주는 방식입니다. 하나의 색을 중심으로 슈트, 셔츠, 넥타이를 구성하기 때문에 전체적인 인상이 안정적이고 단정하게 정리됩니다. 예를 들어 네이비 슈트에 밝은 블루 셔츠이나 흰셔츠를 입고, 네이비 계열의 넥타이를 매치하면 색의 흐름이 자연스럽게 이어지면서 부드럽고 신뢰감 있는 이미지를 만듭니다. 그레이 슈트에는 흰 셔츠나 그레이 줄무늬 셔츠와 차콜 톤의 타이를 더하는 경우도 마찬가지입니다. 이러한 톤온톤 코디는 색의 대비가 크지 않아 시각적으로 편안하고, 중요한 미팅이나 격식을 갖춰야 하는 자리에서 안정적인 선택이 됩니다.

반면 톤인톤(Tone-in-tone) 코디는 색상은 다르지만 명도와 채도가 비슷한 컬러를 조합하는 방식입니다. 색이 다르더라도 밝기와 선명도가 유사하면 전체적인 분위기는 하나로 묶여 자연스럽게 어우러집니다. 네이비 컬러 상의에 진한 베이지색 하의나 그레이 컬러 하의를 조합하거나, 차콜 그레이 슈트에 브라운이나 버건디 계열의 타이를 더하는 것이 톤인톤의 좋은 예시입니다. 이러한 조합은 단조로움을 피하면서도 과하지 않은 세련미를 더해 주어 보다 성숙하고 감각적인 인상을 줄 수 있습니다.

혹시 색 조합을 어렵게 느끼는 분들이 계시다면 톤온톤 스타일링을 먼저 추천합니다. 많은 사람들이 코디에서 가장 부담을 느끼는 순간은 여러 색을 섞어야 할 때인데, 톤온톤 스타일링은 기준이 명확하기 때문에 이 고민을 크게 줄일 수 있습니다. 하나의 색을 정하고 그 색 안에서 밝고 어두운 톤만 연결하면 됩니다. 색에 대한 감각이 아직 익숙하지 않다면 톤온톤으로 기본을 다진 뒤 점차 톤인톤으로 확장해 보는 건 어떨까요? 색을 과감하게 섞지 않아도 톤의 연결만으로 충분히 센스 있고 신뢰감 있는 스타일링을 완성할 수 있습니다.

톤온톤(Tone-on-tone) 컬러 매칭

톤인톤(Tone-in-tone) 컬러 매칭(다른 계열의 컬러와의 매칭)

넥타이 폭과 체형의 조화

어깨가 넓은 사람을 위한 넥타이 선택

넥타이의 폭은 착용자의 체형과 어깨 너비에 따라 달라집니다. 일반적으로 7~9cm 폭이 표준이지만, 어깨가 넓고 체격이 큰 사람은 8~9cm 정도의 넥타이를 선택하는 것이 이상적입니다. 넓은 어깨에는 어느 정도 폭이 있는 넥타이가 균형을 잡아주어 상체의 무게감을 안정적으로 분산시켜 줍니다. 또한 와이드 칼라 셔츠와 매치하면 전체적인 인상이 한층 더 단정하고 품격 있게 완성됩니다. 이 조합은 중후함과 리더십을 강조하는 비즈니스 자리에서 특히 돋보이며, 고위직 프레젠테이션이나 고객 미팅처럼 신뢰와 권위를 표현해야 하는 상황에 적합합니다.

어깨가 좁은 사람을 위한 넥타이 선택

어깨가 좁거나 체형이 슬림한 사람은 6~7cm의 슬림한 넥타이를 선택하는 것이 좋습니다. 넥타이 폭이 좁을수록 상체가 길고 날렵해 보이며 전체적인 실루엣이 세련되어 보입니다. 특히 세미 와이드 칼라나 좁은 폭의 셔츠 칼라와 조합하면 시각적으로 균형 잡힌 인상을 줍니다. 이 경우 넥타이 매듭은 포인드 노트(Four-in-hand Knot)처럼 길고 자연스럽게 떨어지는 형태가 어울리며 지나치게 두꺼운 매듭은 피하는 것이 좋습니다. 슬림한 넥타이는 활동적인 직군이나 젊은 비즈니스맨에게 어울리며 민첩한 이미지 표현에 효과적입니다.

넓은 어깨에 맞는 넓은 넥타이폭, 좁은 어깨에 맞는 좁은 넥타이폭

결국 중요한 것은 '체형과 비율의 조화'입니다. 체형에 맞지 않는 넥타이는 상체의 균형을 무너뜨리고 세련된 이미지를 방해할 수 있으므로 자신의 어깨 너비와 목선의 비율을 고려해 폭과 매듭 형태를 조절하는 것이 바람직합니다.

계절과 상황에 따른 소재와 패턴 선택

계절에 따른 소재 선택

넥타이는 계절에 따라 소재를 달리하면 훨씬 세련된 인상을 줄 수 있습니다. 봄과 여름에는 얇은 실크나 리넨 혼방 소재의 넥타이를 선택하면 가볍고 시원한 느낌을 줍니다. 가을과 겨울에는 울(Wool) 또는 캐시미어 혼방 소재를 선택하여 따뜻하고 중후한 이미지를 완성할 수 있습니다. 니트 넥타이는 캐주얼한 회의나 금요일 드레스다운(Dress-down) 데이에 어울리며 공식적인 자리에서는 피하는 것이 좋습니다. 특히 비즈니스 자리에서는 되도록 격식을 갖춘 실크 소재의 넥타이를 추천합니다. 실크는 자연스러운 광택과 매끄러운 질감으로 단정하고 신뢰감 있는 인상을 주며, 어떠한 정장 스타일에도 조화롭게 어울립니다.

최근 주목받는 자카드(Jacquard) 원단 넥타이는 조직감이 살아 있고 입체적인 질감이 특징입니다. 자카드 원단은 단순한 프린트가 아닌 실로 무늬를 짜 넣어 은은한 고급스러움을 자아냅니다. 특히 실크 자카드 넥타이는 격식 있는 자리나 프레젠테이션에서 세련된 인상을 주어 전통적인 실크 넥타이보다 한층 깊이 있는 질감을 연출할 수 있습니다.

계절감에 어울리는 무늬 선택

넥타이의 무늬는 계절감과 분위기를 표현하는 데 중요한 역할을 합니다. 봄과 여름에는 밝고 가벼운 인상을 주는 얇은 스트라이프나 미세한 도트 무늬가 좋으며 통기성이 있는 소재와 함께 매치하면 경쾌하고 산뜻한 느낌을 줍니다. 가을과 겨울에는 굵은 스트라이프나 깊은 컬러의 페이즐리 패턴이 따뜻하고 중후한 인상을 만들어줍니다. 특히 울 소재의 넥타이에 페이즐리나 잔체크 패턴을 더하면 계절감과 품격을 동시에 살릴 수 있습니다.

무늬 선택의 핵심은 '과하지 않음'입니다. 패턴이 지나치게 크거나 색상이 다채로우면 정장과 조화를 이루기 어렵고 산만한 인상을 줄 수 있습니다. 따라서 비즈니스 환경에서는 2~3가지 색상 이내로 구성된 단순한 패턴을 선택하는 것이 가장 안정적입니다. 넥타이는 단순히 패션이 아닌 비즈니스 커뮤니케이션의 첫인상 도구입니다. 느슨한 매듭은 나태함으로, 완벽히 정돈된 매듭은 신뢰와 품격으로 해석됩니다.

매일 아침 넥타이를 맬 때 단순히 '오늘의 색'을 고르는 것이 아니라 '오늘의 태도'를 결정한다고 생각해보세요. 작은 매듭 하나가 당신의 하루를, 그리고 당신의 이미지를 바꿀 수 있습니다.

Check Point 6. '향'이 만드는 보이지 않는 첫인상

비즈니스 현장에서 향수는 말없이 먼저 도착하는 '감성 카드'와 같습니다. 우리가 회의실 문을 열고 들어가는 순간, 상대는 우리의 표정이나 명함보다 먼저 은은하게 스쳐 지나가는 향을 감지합니다. 향은 사람의 감정을 자연스럽게 환기시키며 상대가 느끼는 분위기를 부드럽게 만드는 역할을 합니다. 특히 은은한 향은 '청결하고 잘 관리된 사람'이라는 기본적인 신뢰감을 심어 주기도 합니다. 즉, 향은 단순히 좋은 냄새를 넘어서 당신이라는 브랜드의 분위기를 결정하는 요소이기도 합니다. 특히 요즘처럼 대면 시간이 줄고 짧은 만남 속에서 임팩트를 남겨야 하는 비즈니스 환경에서는 '과하지 않은 개인적 향기'가 오히려 전문성을 높여주는 전략이 됩니다. 예를 들어 첫 미팅에서 상대로부터 '정돈된 사람', '깔끔한 사람', '편안한 사람'이라는 인상을 받을 때 그 배경에는 자연스럽게 향이 만들어내는 안정감과 청결한 이미지가 함께 작용합니다.

향수의 존재는 과시가 아니라 '세심한 자기관리'의 메시지로 읽히기도 합니다. 장시간 회의, 장거리 이동이 많은 비즈니스맨이 은은한 잔향을 유지하고 있다면 상대는 자연스럽게 '이 사람은 디테일을 챙기는 유형이구나'라는 인상을 받습니다. 이는 직접 말하지 않아도 전달되는 비언어적 이미지 메이킹이며 당신의 전문성을 보이지 않게 높여주는 장치입니다.

향수를 스마트하게 활용하는 법

아무리 좋은 향수라도 '어디에, 얼마나'사용하느냐에 따라 완전히 다른 이미지를 전달합니다. 일반적인 방식은 맥박이 뛰는 부위에 소량만 사용하는 것입니다. 또한 팔 바깥쪽, 손등, 손목, 귀 뒤, 쇄골, 그리고 가슴 옆 부분은 체온이 자연스럽게 발향을 도와 향이 과하지 않게 퍼지도록 합니다. 또한 향을 '뿌렸다'는 느낌 없이 자연스럽게 전달하고 싶다면 남성은 넥타이 뒤쪽, 여성은 두피 아래쪽 머리카락에 한두 번만 가볍게 분사해 보세요. 움직임에 따라 은근하게 퍼지는 잔향이 호감도 높여 줍니다. 특히 비즈니스 상황에서는 엘리베이터나 작은 회의실처럼 밀폐된 공간이 많기 때문에 '한 번만 스프레이'하는 것이 기본 매너입니다.

요즘 기업 문화에서는 개인적 향을 존중하되 '직접적인

향 피로감을 주지 않는 것'이 중요한 에티켓으로 자리 잡았습니다. 따라서 비즈니스 퍼퓸을 고를 때는 부담 없는 시트러스, 그린, 머스크, 우디 계열이 안전합니다.

시트러스: 산뜻하고 활력 있는 이미지입니다. 아침 미팅, 고객 발표에 적합합니다.

그린 계열: 차분하고 균형 잡힌 인상을 주며 신뢰도를 높여줍니다.

머스크 계열: 부드러운 잔향으로 '편안한 사람'이라는 인상을 전달합니다.

라이트 우디: 전문적이고 절제된 분위기, 고위직 미팅에도 안정적입니다.

특히 최근 트렌드로는 '너무 티 나지 않는 향', 즉 '유니버설 퍼퓸'과 '클린 머스크'가 인기를 얻고 있습니다. 이는 개인차가 큰 향취를 최소화하고 누구에게나 편안함을 주기 때문에 사무실에서도 좋은 평가를 받습니다.

결국 향수 선택은 개인 취향의 영역이지만, 비즈니스 상황에서는 나의 취향보다 상대의 경험을 우선하는 것이 세련된 매너입니다. 향은 보이지 않지만, 당신의 전문성과 섬세함을 가장 먼저 말해주는 이미지 전략의 중요한 한 조각입니다.

Check Point 7. 비즈니스 백이 주는 전문성

비즈니스 복장에서 가방은 단순한 소지품을 넘어 '정돈된 사람'이라는 인상을 완성하는 핵심 요소입니다. 특히 첫 미팅이나 프레젠테이션처럼 중요한 순간일수록 가방이 주는 전체 실루엣은 옷차림만큼이나 큰 영향력을 갖습니다. 가장 안정적인 선택은 토트 형식의 서류가 들어가는 가죽백 혹은 형태감이 잡힌 나일론 소재의 각진 사각형 가방입니다. 이러한 형태는 서류와 노트북을 넣었을 때도 흐트러지지 않아 깔끔한 직선 라인을 유지해 주며 전체적으로 '프로페셔널한 사람'이라는 이미지를 강조합니다.

비즈니스백 예시

남자 비즈니스백 종류

반대로 피해야 할 가방도 분명합니다. 형태감이 무너진 캔버스 소재의 가방이나 에코백, 그리고 백팩은 지나치게 캐주얼한 분위기를 만들어 비즈니스 상황에서 전문성을 떨어뜨릴 수 있습니다. 특히 어깨에 걸었을 때 흐물거리는 가방은 옷의 실루엣을 망가뜨리고 '정리되지 않은 사람'이라는 인상을 줄 수 있습니다. 업무용 노트북과 서류를 넣어야 하는 비즈니스 환경에서는 일정한 형태를 유지하면서도 수납 구조가 안정적인 백을 선택하는 것이 가장 중요합니다. 이는 단순히 패션 취향이 아니라 상대에게 전달되는 업무 태도와 직결되는 요소이기도 합니다.

비즈니스 가방, 작은 디테일이 완성하는 이미지

비즈니스 가방은 선택만큼이나 어떻게 연출하느냐가 중요합니다. 깔끔하게 관리된 가방은 전체 스타일을 고급스럽게 정돈해 주고 당신의 섬세함과 준비성을 자연스럽게 드러냅니다.

첫째, 가방 안은 항상 필요한 물건만 정리해 두고 불필요한 짐을 최소화해야 합니다. 너무 많은 물건이 들어가 형태가 부풀어 오르면 단정한 이미지를 해칩니다.

둘째, 가방 손질도 중요한 매너입니다. 가죽 가방은 주기적으로 컨디셔닝을 해 결을 살리고, 나일론 가방은 먼지나 얼룩을 수시로 닦아 관리해야 합니다. 이렇게 손질된 가방은 비즈니스 상대에게 '일에 대한 태도도 이렇겠구나'라는 신뢰를 전달합니다.

셋째, 코디할 때는 옷의 톤과 신발의 소재와도 자연스러운 연결이 이루어지는지 확인하세요. 예를 들어 광택 있는 구두를 신는 날에는 구조적 형태의 가죽 토트백이 가장 안정적입니다. 특히 변색이 적고 스크래치가 잘 나지 않는 블랙 사피아노 가죽 가방은 안정감과 전문성을 동시에 표현해 줍니다. 캐주얼 비즈니스 룩일 때는 단정한 나일론 각진 백도 가벼우면서 충분히 세련된 인상을 줄 수 있습니다.

마지막으로, 회의나 미팅 자리에서는 가방을 바닥에 놓기보다 의자 옆이나 가방 훅에 두는 것이 좋습니다. 이는 사소한 행동이지만, 공간을 깔끔하게 사용하는 태도는 상대에게 정중하고 성숙한 이미지를 심어 줍니다.

비즈니스 가방은 단순한 액세서리가 아니라 상대에게 전달되는 '당신이라는 브랜드의 완성도'를 보여주는 요소입니다. 올바른 선택과 세심한 연출은 당신의 전문성과 신뢰도를 한층 높여 줄 것입니다.

Check Point 8. 겨울 비즈니스룩을 완성하는 코트

겨울철 비즈니스 스타일을 결정하는 핵심 아이템은 단연 코트입니다. 코트는 단순한 방한용을 넘어 정장의 분위기와 실루엣을 완성하며 상대에게 전문적이고 단정한 이미지를 전달하는 역할을 합니다.

대표적인 코트 종류로는 발마칸 코트, 싱글 코트, 더블 코트가 있으며 각각의 스타일은 체형과 분위기에 따라 어울리는 사람이 다릅니다.

발마칸 코트는 어깨선이 따로 구분되지 않는 래글런 디자인으로 자연스럽고 편안한 실루엣을 만들어 줍니다. 어깨가 넓거나 각진 사람에게는 부드러운 라인이 체형을 균형감 있게 보완해 주며 전체적으로 릴랙스하면서도 깔끔한 분위기를 원할 때 잘 어울립니다. 드레스업과 캐주얼 모두에 매치가 가능해 범용성도 뛰어난 편입니다.

싱글 코트는 가장 클래식한 디자인으로 정장 위에 입었을 때 가장 안정적인 실루엣을 보여줍니다. 한 줄로 정돈된 버튼 라인은 깔끔하고 단정한 느낌을 전달하며 체형에 관계없이 누구에게나 잘 맞는 편입니다. 비즈니스 환경에서는 가장 실패 확률이 낮은 코트이기도 합니다.

더블 코트는 두 줄 버튼이 주는 묵직한 구조감 덕분에 고급스럽고 단단한 인상을 만들어 줍니다. 어깨가 좁거나 몸의 상체 비율이 작은 사람에게 좋은 밸런스를 제공하며 중요한 자리에서 존재감을 강조할 때 적합합니다. 다만 다른 코트에 비해 무게감이 있어 장시간 착용 시 피로감을 느낄 수 있고 활용도 면에서는 다소 제한적일 수 있습니다.

발마칸 코트, 싱글 코트, 더블 코트

한 가지 코트를 먼저 구입해야 한다면 네이비, 차콜, 블랙의 싱글 코트를 가장 추천합니다. 세 가지 색상은 모든 정장과 자연스럽게 조화를 이루며 블랙은 가장 클래식한 실루엣을 완성해 어떤 자리에서도 안정적인 인상을 줍니다. 싱글 구조는 과하지 않으면서도 단정함을 강조하기 때문에 첫 코트로 최고의 선택입니다.

키에 따른 코트 길이 선정도 중요한 기준입니다. 170cm 이하라면 무릎 위 3~5cm 정도의 길이가 몸의 비율을 가장 균형 있게 보이게 하고, 170~180cm라면 무릎선에 맞춘 클래식 길이가 가장 안정적입니다. 180cm 이상이라면 무릎 아래로 5cm 정도 내려가는 롱코트까지도 자연스럽게 소화해 전체적으로 길고 시크한 실루엣을 연출할 수 있습니다.

코트의 소재, 따뜻함과 품질을 완성하는 핵심 요소

좋은 코트를 선택하기 위해서는 소재를 반드시 확인해야 합니다. 소재는 코트의 보온성, 무게감, 내구성뿐 아니라 전체적인 고급스러운 분위기까지 좌우하기 때문입니다.

가장 좋은 코트 소재는 캐시미어 100%입니다. 캐시미어는 동일 중량 대비 가장 뛰어난 보온성과 부드러움을 제공하며 가벼운 무게감과 자연스러운 윤기까지 갖추고 있어 최고급 코트 원단으로 평가됩니다.

다만 가격대가 매우 높아 현실적인 선택에서는 울 90% 이상에 캐시미어 5~10% 혼방이 좋습니다. 이러한 혼방 원단은 고급스러움과 내구성, 보온성을 모두 갖추면서도 오래 입어도 형태 변형이 적다는 장점이 있습니다.

알파카 혼방 코트는 울보다 가벼우면서도 보온성이 탁월

하고, 특유의 은은한 광택과 결이 있어 고급스러운 외관을 선호하는 사람에게 잘 맞습니다.

다만 섬세한 소재의 특성상 관리가 필요하며 가격대가 다소 높은 편입니다.

합성 섬유(폴리에스터, 나일론 등)가 혼용된 코트는 내구성이 좋아 관리가 편하고 구김이 적어 실용성이 높습니다. 다만 보온성과 외관의 고급스러움은 울 또는 캐시미어 혼방 대비 떨어질 수 있어 예산과 사용 목적을 고려해 선택하는 것이 좋습니다.

캐시미어, 울, 알파카

울마크 컴퍼니 로고의 의미와 코트 구매 요령

코트를 고를 때 원단의 품질을 확인하는 쉬운 방법 중 하나가 바로 울마크 컴퍼니(Woolmark Company)의 인증 로고를 확인하는 것입니다.

이 로고는 국제 양모 사무국(IWS)이 지정한 기준에 따라

울의 성분과 함량, 일정 수준의 품질을 충족한 제품에 부여되는 인증입니다. 의무 표기는 아니지만, 코트의 원단 신뢰도를 판단하는 데 큰 도움이 됩니다.

Pure New Wool: 100% 순수 신모(NEW WOOL)로 만들어진 원단에 부여됩니다. 가장 높은 등급으로 보온성과 탄력, 내구성이 뛰어난 고급 코트에 사용됩니다.

Wool Rich Blend: 울 함량 50%~99.9%의 원단에 부여되는 인증입니다. 울 비율이 높아 품질과 보온성이 우수하며 고급 코트에서 자주 볼 수 있는 등급입니다.

Wool Blend Performance: 울 함량 30%~49.9%의 원단에 부여되며 기능성과 실용성을 우선하는 제품군에 사용됩니다. 적절한 보온성과 내구성을 유지하면서도 관리가 용이한 것이 특징입니다.

PURE NEW WOOL

WOOL RICH BLEND

WOOL BLEND PERFORMANCE

울마크 컴퍼니 울인증 표시

울마크 로고는 원단이 일정 수준 이상의 품질 기준을 충족했음을 의미하므로 코트 구매 시 신뢰할 수 있는 가이드라인이 됩니다.

코트를 구매할 때는 울 함량이 80% 이상인지 확인하고 지나치게 무겁지 않으며 정장 위에 입었을 때 어깨와 버튼 라인이 자연스럽게 떨어지는지 체크해야 합니다.

또한 네이비, 차콜, 블랙 색상은 어떤 비즈니스룩에도 조화를 이루기 때문에 실패 확률이 적고, 실루엣을 단정하게 잡아주는 장점이 있습니다. 이러한 기준을 바탕으로 코트를 선택한다면 겨울철에도 따뜻하고 품격 있는 비즈니스 이미지를 안정적으로 완성할 수 있습니다.

4부 비즈니스는

'Give & Take' 관계

1장 관계의 본질인 '에너지와 상호작용'

1. 신뢰를 만드는 보이지 않는 힘

비즈니스 세계에서 성공하는 사람들의 공통점은 단순히 업무 능력이 뛰어나다는 점이 아닙니다. 그들은 '관계의 에너지'를 읽고 조율하는 능력이 탁월합니다. 인간관계는 단순한 감정의 교류가 아니라 서로의 에너지를 주고받는 상호작용의 결과물입니다. 우리는 모두 한정된 에너지를 가지고 있으며 이 에너지는 시간, 관심, 감정, 혹은 물질적인 자원 등 다양한 형태로 표현됩니다. 즉, 내가 상대에게 얼마나 진심으로 집중하느냐가 곧 관계의 깊이를 결정짓는 것입니다.

아리스토텔레스는 인간이 행복을 추구하는 존재라고 말하면서 그 행복은 관계 속에서 실현된다고 강조했습니다. 오늘날의 비즈니스 관계도 마찬가지입니다. 고객, 동료, 상사, 파트너와의 관계는 단순히 업무적 교류를 넘어서 '신뢰와 존중을 주고받는 상호작용'의 결과입니다. 예를 들어 고객 미팅에서 상대의 이야기를 경청하고 작은 약속도 철저히 지키는 태도는 단순한 예의가 아닌 '에너지의 투자'입니다. 이러한 태도가 상대방에게는 '이 사람은 나를 진심으로 대하는구나'라는 인상을 남깁니다.

그러나 관계의 에너지는 반드시 쌍방향으로 흐를 때에만 지속됩니다. 한쪽이 일방적으로 에너지를 쏟고, 다른 한쪽이 이를 당연하게 여긴다면 그 관계는 쉽게 피로해지고 결국 무너집니다. 예를 들어 프로젝트 팀에서 한 구성원이 야근까지 해가며 자료를 준비했는데 팀장이 "수고했어."라는 말 한마디 없이 결과만 검토하고 넘어간다면 그 구성원의 열정은 점차 식게 됩니다. 반대로 상사가 짧은 칭찬 한마디나 따뜻한 감사의 표현을 더한다면 그 에너지는 다시 선순환되어 관계를 더욱 단단하게 만듭니다.

이처럼 비즈니스 관계는 눈에 보이지 않는 에너지의 흐름으로 유지됩니다. 고객 응대, 팀워크, 리더십 모두 그 중심에는 '상호 존중의 에너지'가 있습니다. 작은 행동 하나, 말 한마디가 관계의 방향을 결정하는 것입니다.

비즈니스 매너와 복장은 바로 이 에너지의 시작점입니다.

깔끔하게 다려진 셔츠, 정돈된 넥타이, 반듯한 구두는 단순한 외형의 문제가 아닙니다. 그것은 상대방에게 "나는 당신을 존중하고, 이 만남을 소중히 여깁니다."라는 메시지를 전달하는 비언어적 신호입니다. 현대의 비즈니스 세계에서는 이처럼 시각적 언어를 통해 신뢰를 형성하는 것이 점점 더 중요해지고 있습니다. AI가 문서를 대신 쓰고, 이메일이 감정을 대신 전달하는 시대일수록 사람들은 '보이는 진심'을 통해 관계의 에너지를 느끼게 됩니다.

최근 글로벌 기업에서는 직원 교육의 일환으로 '에너지 매너' 프로그램을 도입하는 사례가 늘고 있습니다. 이는 단순한 예절 교육이 아니라 상대방에게 긍정적인 에너지를 전달하는 커뮤니케이션 훈련입니다. 예를 들어 일본의 도요타와 같은 기업은 회의 시작 전 '감사의 인사'를 의무화하여 협업 분위기를 강화하고, 유럽의 일부 컨설팅 기업은 복장과 표정, 목소리 톤까지 훈련하여 팀 간 에너지의 일관성을 높이고 있습니다.

1. 신뢰는 주고받는 균형에서 시작된다

비즈니스 관계에서 자주 오해되는 개념 중 하나가 바로 '공짜'입니다. 사회학의 사회교환이론(Social Exchange Theory)에 따르면 모든 인간관계는 교환의 원리에 따라 움직입니다. 즉, 사람들이 관계를 지속하는 이유는 그 관계에서 얻는 보상이 자신이 투자한 노력보다 크기 때문입니다. 이 이론은 단순한 물질적 교환을 넘어, 신뢰, 존중, 인정과 같은 비가시적 보상에도 똑같이 적용됩니다.

예를 들어 고객이 한 브랜드에 지속적으로 충성하는 이유는 단순히 제품이 좋기 때문이 아닙니다. 그 브랜드가 자신을 존중해주고 꾸준히 신뢰를 쌓아온 경험이 있기 때문입니다. 아마존(AMAZON)은 고객이 제품 문제를 제기하면 즉시 환불이나 교환을 처리하는 시스템을 갖추고 있습니다. 이러한 '에너지의 교환'은 고객에게 '이 브랜드는 나를 존중한다'는 확신을 주며, 그것이 장기적 충성도로 이어집니다. 회사 내에서도 마찬가지입니다. 동료가 나를 도와줬을 때 "감사합니다."라는 한마디, 혹은 작은 배려로 그 마음을 돌려주는 것이 관계의 지속성을 결정짓는 핵심입니다. 리더가 직원의 노력을 '보상'이 아닌 '존중의 제스처'로 되갚을 때 조직의 신뢰 수준은 급격히 상승합니다.

철학자 루소(Jean-Jacques Rousseau)는 사회를 '암묵적 계약의 네트워크'로 설명하면서 모든 관계는 상호 책임과 의무를 전제로 한다고 말했습니다. 비즈니스에서도 마찬가지입니다. 고객에게 시간을 내주고 도움을 주는 것은 단순한 서비스가 아니라 '신뢰 계약'을 맺는 행위입니다. 그리고 그 신뢰는 작은 행동의 반복으로 강화됩니다. 따라서 '공짜 관계'란 존재하지 않습니다. 누군가 나에게 시간을 내주고 조언을 해주었다면 나는 그에 상응하는 감사를 표현해야 합니다. 그것이 메일 한 통이든 직접적인 보답이든 상관없습니다. 중요한 것은 '응답의 태도'입니다. 이 응답이 바로 인간관계의 에너지 순환이며 신뢰의 기반이 되는 것입니다.

성공적인 비즈니스 관계는 균형 잡힌 에너지의 교환에서

출발합니다. 상대가 나에게 쏟은 시간과 관심을 인정하고 그에 맞게 보답하는 것이 바로 진정한 비즈니스 매너입니다. 단순히 예의를 갖추는 것을 넘어 상대방의 시간과 에너지를 존중하는 태도가 결국 사람을 움직이는 힘이 됩니다.

3장
복장의 심리학

/

\

1. 관계의 신뢰를 시각적으로 표현하는 방법

하버드비즈니스리뷰(HBR)에서 복장과 신뢰의 상관관계를 연구한 결과를 발표했습니다. 그에 따르면 첫 만남에서 상대방의 복장이 신뢰 형성에 미치는 영향은 무려 70% 이상에 달한다고 합니다. 복장이 단순한 외적 장식이 아니라 자신이 어떤 사람인지를 보여주는 '비언어적 언어'임을 의미합니다. 예를 들어 깔끔한 셔츠와 정제된 구두를 신은 사람은 '상대방을 존중할 줄 아는 사람'으로 인식됩니다. 반면 구겨진 셔츠나 낡은 신발은 아무리 말로 예의를 지키더라도 무의식적으로 신뢰를 떨어뜨릴 수 있습니다. 따라서 복장은 나 자신을 표현하는 '시각적 명함'입니다.

복장 매너는 디지털 시대에도 여전히 유효합니다. 온라인 화상회의에서도 단정한 상의, 깨끗한 배경, 차분한 색상의 넥타이는 상대방에게 프로페셔널한 이미지를 전달합니다. 최근 '디지털 드레스 코드'라는 개념이 확산되어 화면 속 복장과 배경도 비즈니스 매너의 일환이 되었습니다. 가령 글로벌 컨설팅 기업 PwC는 원격 회의 시에도 '상반신 정장 착용'을 권장하고 있으며 이는 '프로페셔널리즘은 거리와 관계없다'는 원칙을 보여줍니다. 또한 패션 심리학 연구는 단정한 복장을 착용할 때 자신감이 약 20% 이상 향상된다고 합니다. 복장이 타인에게 보이기 위한 수단이 아니라 자기 신뢰를 높이는 '내적 강화의 도구'라는 점을 시사합니다. 결국 관계의 본질은 '보답과 존중'입니다. 비즈니스 세계에서는 '관계에는 공짜가 없다'는 사실을 반드시 기억해야 합니다. 누군가 내게 에너지를 주었다면 나는 반드시 그에 응답해야 합니다. 이것이 인간관계의 윤리이자 성공적인 비즈니스의 근본 원리입니다.

비즈니스 매너란 겉으로 보이는 기술이 아니라 태도의 정체성입니다. 상대방을 존중하는 마음이 복장, 언어, 행동으로 자연스럽게 드러날 때 관계는 단단해지고 신뢰는 깊어집니다. 결국 우리는 옷차림으로 말하고, 태도로 설득하며, 신뢰로 관계를 유지하는 것입니다.

신입사원을 위한
회사 적응 가이드북

팀장님 피드백 좀 해주세요 | 마틴 지음